Leitfaden für Handelsrichter

Von

Dr. Martin Isaac
Rechtsanwalt und Notar in Berlin

Berlin und Leipzig 1932
Walter de Gruyter & Co.
vormals G. J. Göschen'sche Verlagshandlung — J. Guttentag, Verlagsbuchhandlung
Georg Reimer — Karl J. Trübner — Veit & Comp.

Archiv-Nr. 23 07 32

Druck von Walter de Gruyter Berlin W 10

Herrn

Haidelsgerichtsrat Kurt H. Valentin,

Mitgied des Reichswirtschaftsrates und des Reichseisenbahnrates,
Vorsitzendem des Vereins Deutscher Spediteure,

gewidmet

Vorwort.

Die Anregung zu diesem Büchlein ging mir aus Handelsrichterkreisen zu. Der Handelsrichter hat ein wichtiges und verantwortungsvolles Amt; seine Rechte und Pflichten sind die eines gelehrten Richters; und dennoch verlangt das Gesetz von ihm nicht die geringste Ausbildung und er setzt sich an den Richtertisch, ohne von dem komplizierten Apparat des Zivilprozesses, bei dem er mitwirken soll, mehr als undeutliche Vorstellungen zu haben. Natürlich wäre nichts verkehrter für ihn, als sich mit juristischem Ballast zu beladen; soll er doch in erster Linie seine allgemeinen Erfahrungen und seine speziellen Fachkenntnisse in den Dienst der Juristen und der Parteien stellen. Aber wie seine kaufmännische Begabung sich in seinem Geschäft erst mit Hilfe technischer Branchekenntnisse richtig entfalten kann, so werden seine Fähigkeiten als Kaufmannsrichter durch eine gewisse prozeßtechnische Grundlage nur gewinnen. Er wird sich dann in der Verhandlung und bei der Beratung sicherer fühlen, vor allem dort, wo er auf sich allein gestellt ist: bei Zeugenvernehmungen, Sühneversuchen, Vergleichsabschlüssen u. dgl. Für diesen Zweck soll ihm diese Schrift behilflich sein. Sie will ihm in leicht faßlicher Briefform das mitteilen, was für ihn aus dem Prozeßrecht und namentlich der Prozeßtechnik von Interesse sein dürfte. Außer der Einleitung, die darüber Auskunft gibt, wie man Handelsrichter wird und welche Pflichten damit verknüpft sind, befaßt sich das Büchlein damit, wie der Handelsrichter sich auf die mündliche Verhandlung vorbereitet und wie er sich in der Verhandlung, bei der Beweisaufnahme, bei der Beratung und bei Vergleichsverhandlungen verhält. Gelehrte Ausführungen waren natürlich zu vermeiden und um so mehr Wert auf praktische Fragen zu legen, wie sie für einen auf den Richterstuhl berufenen Kaufmann von Interesse sind.

Inhaltsverzeichnis.

Abkürzungsverzeichnis:

§ ohne nähere Bezeichnung bedeutet § der Zivilprozeßordnung (ZPO.)
G. bedeutet Gerichtsverfassungsgesetz (GVG.).
HGB. bedeutet Handelsgesetzbuch.
JMBl. bedeutet Preußisches Justizministerialblatt.

Einleitung.

Wie werden Sie Handelsrichter?

Sehr geehrter Herr — sehr geehrte gnädige Frau!

Wie ich höre, wollen Sie Handelsrichter werden. Die gesetzlichen Voraussetzungen dazu sind ja bei Ihnen erfüllt; Sie sind Deutscher; Sie haben das 30. Lebensjahr vollendet; Sie sind oder waren als Kaufmann (nicht Minderkaufmann, Handelsbevollmächtigter oder Prokurist), als Vorstand (nicht stellvertretender Vorstand oder sonstiger Angestellter) einer Aktiengesellschaft, als Geschäftsführer einer Gesellschaft mit beschränkter Haftung, oder als Vorstand einer sonstigen juristischen Person in das Handelsregister eingetragen; Sie sind auch nicht durch gerichtliche Anordnungen (z. B. Entmündigung, Konkurseröffnung, allgemeines Veräußerungsverbot) in der Verfügung über Ihr Vermögen beschränkt (G. § 113). Wohnen Sie an einem Seeplatz, so können Sie auch Handelsrichter werden, wenn Sie schiffskundig sind (G. § 114). Eine besondere Ausbildung verlangt im übrigen das Gesetz nicht.

Sie müssen sich nun an die **Industrie- und Handelskammer** wenden, in deren Bezirk Sie wohnen, oder, wenn Sie als Kaufmann in das Handelsregister eingetragen sind, in deren Bezirk Sie eine Handelsniederlassung haben. Sind Sie als Vorstand einer Aktiengesellschaft oder sonstigen juristischen Person oder als Geschäftsführer einer Gesellschaft mit beschränkter Haftung in das Handelsregister eingetragen, so genügt es, wenn die Gesellschaft oder die juristische Person eine Niederlassung in dem Bezirk der Industrie- und Handelskammer hat. Die Industrie- und Handelskammer (§ 1 Preuß. Gesetz 22. 8. 1897/1. 4. 1924) schlägt Sie gutachtlich als Handelsrichter vor. Ihre Ernennung erfolgt in Preußen durch das Staatsministerium (Preuß. Verfassung Art. 82[1]) auf drei Jahre. Ihre wiederholte Ernennung ist zulässig (G. § 112).

Als stellvertretender Handelsrichter führen Sie die **Amtsbezeichnung** Handelsrichter, als Handelsrichter die Amtsbezeichnung Handelsgerichtsrat (Justizministerialverordnung 14. 6. 1921, JMBl. 345).

Es ist Ihnen bekannt, daß das Amt des Handelsrichters nicht nur ein Ehrenamt (G. § 111 — vorbehaltlich Erstattung gewisser Tage-,

Übernachtungs- und Fahrgelder), sondern auch eine Ehre ist. Denn Sie haben während der Dauer Ihres Amtes in Beziehung auf dasselbe **alle Rechte und Pflichten richterlicher Beamter** (G. § 116), genießen also alle Ehre, aber auch alle Verantwortung des Richters und unterliegen bezüglich Ihres amtlichen und außeramtlichen Verhaltens den für Richter bestehenden Disziplinarvorschriften. Sie werden deshalb vor Ihrem Amtsantritt auf die Erfüllung Ihrer Obliegenheiten eidlich verpflichtet (G. § 115). [1])

Wie jeder Richter, sind Sie in gewissen Fällen von der Ausübung des Richteramtes kraft Gesetzes ausgeschlossen; z. B. in Sachen, in denen Sie als Prozeßbevollmächtigter, Beistand oder gesetzlicher Vertreter einer Partei tätig sind oder waren (Näheres § 41). Auch können Sie, wie jeder Richter, wegen Besorgnis der Befangenheit abgelehnt werden (§ 42).

Wenn Sie eine für Ihre Ernennung erforderliche Eigenschaft nachträglich verlieren (z. B. unbeschränkte Vermögensfreiheit), oder Ihre richterlichen Pflichten verletzen, können Sie Ihres Amtes enthoben werden (G. § 117).

Und nun viel Glück bei Ihrer Bewerbung und Ihrer künftigen Amtsausübung.

[1]) Die Beeidigung geht dahin, die Pflichten eines (stellvertretenden) Handelsrichters gewissenhaft zu erfüllen. Bei wiederholter Ernennung bedarf es einer wiederholten Beeidigung nicht, wenn der Zeitraum, für den die wiederholte Ernennung erfolgt, sich unmittelbar an den Zeitraum der früheren Ernennung anschließt (Allgemeine Verfügung 21. 12. 18; JMBl. 533).

1. Brief.

Wie verhalten Sie sich vor der mündlichen Verhandlung?

1. **Sachliche Zuständigkeit der Kammer für Handelssachen.** Es ist Ihnen natürlich bekannt, daß unser Zivilprozeß in der mündlichen Verhandlung vor dem erkennenden Gericht gipfelt. Aber diese Verhandlung muß vorbereitet werden; dazu dienen die Klage und die sonstigen vorbereitenden Schriftsätze. Alles das finden Sie in den Gerichtsakten, die Sie vor dem Termin studieren. Die Grundlage der Akten bildet die Klageschrift. Der Vorsitzende Ihrer Kammer wird sie anders prüfen, als Sie es nötig haben, so z. B. daraufhin, ob das angerufene Gericht **sachlich zuständig ist.** Sie brauchen sich darum in der Regel zunächst nicht zu bekümmern; doch kann die Frage in der mündlichen Verhandlung und in der Beratung für Sie von Interesse werden. Sachlich unzuständig ist Ihre Kammer z. B., wenn der Anspruch vor das **Arbeitsgericht** gehört. Ein Angestellter oder Arbeitnehmer wird, da er nicht selbständiger Kaufmann ist, schon an sich kaum vor der Kammer für Handelssachen klagen. Anders der **Handelsagent,** d. h. der, der ohne als Handlungsgehilfe angestellt zu sein, ständig damit betraut ist, für das Handelsgewerbe eines anderen Geschäfte zu vermitteln oder im Namen eines anderen abzuschließen (HGB. § 84). Ein solcher Handlungsagent ist selbständiger Kaufmann, kann aber, wirtschaftlich gesehen, in einem dem Arbeitnehmerverhältnis gleichartigen Verhältnis zu bestimmten Unternehmern stehen und hat dann vor dem Arbeitsgericht zu klagen. Gehört nun ein eingeklagter Anspruch vor das Arbeitsgericht, so muß ihn Ihre Kammer von Amts wegen an das Arbeitsgericht verweisen, selbst wenn beide Parteien ihn vor Ihrer Kammer belassen wollen, denn die Zuständigkeit des Arbeitsgerichts ist eine „ausschließliche".

Ein weiterer Hauptfall sachlicher Unzuständigkeit ist gegeben, wenn die Sache nicht vor das Landgericht, sondern vor das **Amtsgericht** gehört. Das ist namentlich der Fall bei Streitigkeiten über vermögensrechtliche Ansprüche, deren Gegenstand an Geld oder Geldeswert die Summe von RM. 1000,— nicht übersteigt. Verlangt der Kläger einen ziffernmäßig begrenzten Betrag, so wird über die Zuständigkeitsfrage kein Zweifel sein. Anders wenn er z. B. auf Lieferung einer bestimmten Ware oder auf Feststellung der Ungültigkeit eines Vertrages oder dergl. klagt. Hier kann Streit entstehen, ob die Zuständigkeitsgrenze erreicht ist oder nicht. Das Gericht (unter Ihrer Mitwirkung) setzt den Streitwert nach freiem Ermessen fest (§ 3). Die Einzelheiten interessieren hier nicht. Hält das Gericht das Amtsgericht für zuständig, so verweist es den Rechtsstreit dorthin (§ 276); aber nicht von Amts wegen, sondern nur, wenn der Beklagte die sachliche Unzuständigkeit vor der Verhandlung der Hauptsache rügt (§ 274), und der Kläger dann die Verweisung beantragt.

Es gibt aber Fälle, wo Ihr Gericht von Amts wegen die sachliche Zuständigkeit zu prüfen hat. Solchen Fall hatten wir schon oben: Zuständigkeit des Arbeitsgerichts. Ein weiteres Beispiel ist das des **Versäumnisverfahrens**. Erscheint der Beklagte im Termin nicht und beantragt der Kläger das Versäumnisurteil, so gilt zwar das, was der Kläger an Tatsachen vorbringt, als vom Beklagten zugestanden. Versäumnisurteil erreicht der Kläger aber nur, wenn die von ihm vorgebrachten Tatsachen den Klageantrag rechtfertigen (§ 331). Hat er also vor einem sachlich unzuständigen Gericht geklagt, so würde er ein Versäumnisurteil nicht bekommen. Anders, wenn er in der Klage vorträgt, die Zuständigkeit des Gerichts sei vereinbart; dieses Vorbringen gilt dann beim Ausbleiben des Beklagten ebenfalls als zugestanden und rechtfertigt die sachliche Zuständigkeit des angerufenen Gerichts. Ein weiterer Hauptfall sachlicher Unzuständigkeit ist der, daß die Klage nicht vor die Kammer für Handelssachen, sondern vor die **Zivilkammer** gehört. Dann ist sie an die Zivilkammer zu verweisen, und zwar nicht nur auf Antrag des Beklagten, sondern auch von Amts wegen (Näheres G. § 103). Deshalb empfiehlt es sich, daß Sie schon bei der ersten Aktendurchsicht prüfen, ob die Sache **Handelssache** ist. Hauptfall einer Handelssache: der Beklagte ist Kaufmann im Sinne des Handelsgesetzbuches und die Klage wird aus einem Geschäft erhoben, welches für beide Teile Handelsgeschäft ist (z. B. Verkauf einer Ware durch einen Kaufmann an einen Kaufmann, G. § 101). Es genügt nicht, daß der Beklagte früher Kaufmann gewesen ist; er muß es zur Zeit der Klageerhebung (nicht Klageeinreichung, sondern Klagezustellung, § 252) sein. Ist einer von mehreren Beklagten nicht Kaufmann, so ist die Sache nicht Handelssache. Wer Kaufmann ist, bestimmt das HGB. (§§ 1 bis 7, s. Anhang 2 zu G. § 95). Auch der Minderkaufmann ist Kaufmann. Kaufmann ist auch jede Aktiengesellschaft und jede Kommanditgesellschaft auf Aktien, ohne Rücksicht auf den Gegenstand ihres Unternehmens; ferner andere Handelsgesellschaften (offene Handelsgesellschaft, Kommanditgesellschaft, G. m. b. H.; HGB. §§ 6, 210, 320, GmbH.-Gesetz § 13) und die eingetragenen Genossenschaften.

Es genügt aber nicht, daß der Beklagte Kaufmann ist; der Klageanspruch muß außerdem aus einem Geschäft herrühren, welches für beide Teile Handelsgeschäft ist. „Beide Teile“: d. h. nicht Kläger und Beklagter, sondern diejenigen beiden Teile, die das betreffende Geschäft (z. B. Kauf von Baumwolle) abgeschlossen haben. Waren der Verkäufer der Baumwolle (V.) und der Käufer (K.) Kaufleute, so schadet es nichts, wenn der klagende Erbe oder Zessionar des V. kein Kaufmann ist. War aber z. B. der Käufer eines Autos ein Privatmann und wird sein Erbe E. verklagt, so gehört die Sache vor die Zivilkammer, auch wenn E. Kaufmann ist.

Klagt der Kläger aus einem **Wechsel** im Sinne der Wechselordnung (s. Anhang) oder aus einer kaufmännischen Anweisung, einem kaufmännischen Verpflichtungsschein, Konnossement, Ladeschein, Lagerschein, Bodmereibrief, Transportversicherungspolice (HGB. § 363), so ist die Sache stets Handelssache, auch wenn keine Partei Kaufmann ist. Auch sonst gibt es eine Reihe von Handelssachen, die von der Kaufmannseigenschaft der Parteien unabhängig sind; G. § 101 Nr. 3 bis 6 zählt sie auf. So z. B. die Klage aus unlauterem Wettbewerb.

2. **Örtliche Zuständigkeit (Gerichtsstand).** Wenn Sie die Klage prüfen, werden Sie ihr Augenmerk auch darauf richten, ob das angerufene Gericht örtlich zuständig ist. Sie wissen sicher, daß sich die Zuständigkeit in der Regel nach dem **Wohnsitz** des Beklagten, nicht des Klägers, richtet. An diesem Wohnsitz hat der Beklagte seinen allgemeinen Gerichtsstand, d. h. hier kann er in der Regel stets verklagt werden (§§ 12 f.). Es würde Ihnen bestimmt auffallen, wenn Sie eine Klage lesen, die beim Landgericht Berlin erhoben ist, obwohl der Beklagte in München wohnt. Wenn Sie dann in der Klage weiterlesen: „Gerichtsstand ist vereinbart“, so können Sie sich, solange der Beklagte das nicht bestreitet, in der Regel dabei beruhigen. Erscheint der Beklagte im Termin nicht und beantragt der Kläger Versäumnisurteil gegen ihn, so gilt die Behauptung der Klage, daß der Gerichtsstand vereinbart sei, als zugestanden und Sie dürfen dem Kläger, wenn sonst alles in Ordnung ist, das Versäumnisurteil geben (s. o. 12). Steht aber in der Klage nicht, daß der Gerichtsstand Berlin vereinbart sei, so muß der Kläger einen anderen Grund dafür anführen, daß er nicht in München klagt; z. B., daß der Beklagte in Berlin eine Filiale habe, auf deren Geschäftsbetrieb die Klage Bezug habe (§ 21), oder daß der Beklagte, der auf Bezahlung eines Autos verklagt wird, beim

Kauf des Autos seinen Wohnsitz in Berlin gehabt und deshalb seine Kaufverpflichtung in Berlin zu erfüllen habe (sog. besonderer Gerichtsstand des Erfüllungsortes § 29, BGB. § 269). Hierbei gibt es Finessen, über die Sie der Vorsitzende belehren wird. Z. B. wenn der Autokäufer K. zu Berlin vom Verkäufer V. in München Rückzahlung des Kaufpreises verlangt, weil das Auto unbrauchbar sei (sogenannte Wandlung), muß er in München klagen; verlangt er aber klugerweise Rückzahlung des Kaufpreises Zug um Zug gegen Rückgewähr des nach Berlin gelieferten Autos, so kann er in Berlin klagen, weil V. diese Verpflichtung in Berlin zu erfüllen hat. Aber dies nur nebenbei.

3. **Wie lesen Sie die Akten?** Nachdem Sie sich mit der Zuständigkeit des Gerichts oder sonstigen Prozeßformalitäten (s. § 253) befaßt haben, werden Sie nunmehr an das materielle Studium der Klage gehen. Sie werden prüfen, ob Ihnen die Klage genügend begründet oder, wie man auch sagt, schlüssig erscheint. Hier beginnt bereits eine wichtige Aufgabe für Sie als Kaufmann und logisch denkenden Menschen. Die Klage muß nicht so sehr rechtliche Darlegungen als vor allem Tatsachen enthalten, nämlich diejenigen Tatsachen, die geeignet sind, den Klageanspruch als in der Person des Klägers entstanden und als durch den Beklagten verletzt erscheinen zu lassen. Die Klage braucht in der Regel an die vorgebrachten Tatsachen keine rechtliche Beurteilung zu knüpfen. Sie kann das getrost dem Gericht überlassen. Aber das Tatsachenmaterial soll sie dem Gericht in schlüssiger Weise vorlegen. Klagt also z. B. der Sozius einer offenen Handelsgesellschaft gegen einen anderen Sozius auf Auflösung der Gesellschaft, weil der Beklagte wichtige Pflichten als Sozius verletzt habe und ein gedeihliches Zusammenarbeiten nicht mehr möglich sei, so werden Sie zu prüfen haben, ob die vorgetragenen Tatsachen — ihre Richtigkeit vorausgesetzt — das klägerische Verlangen genügend begründen. Oder der Kläger verlangt Rückzahlung eines Darlehns; dann genügt es nicht, daß er sagt, er habe dem Beklagten ein Darlehen gegeben, sondern er muß auch sagen, daß und aus welchen Gründen das Darlehn fällig geworden ist. Oder der Kläger verlangt Bezahlung für ein verkauftes Auto; es genügt nicht, daß er sagt, er habe dem Beklagten das Auto für RM. 3000.— verkauft, sondern er muß auch vortragen, daß er das Auto bereits geliefert hat, oder, daß und aus welchen Gründen der Beklagte schon vor der Lieferung oder Zug um Zug gegen Lieferung bezahlen müsse. Haben Sie nun Bedenken wegen der Schlüssigkeit des Klagevorbringens, so tun Sie gut, sie sich zu notieren und den

Vorsitzenden darauf hinzuweisen. Der Vorsitzende soll dann in der mündlichen Verhandlung auf die Lücken im tatsächlichen Vorbringen aufmerksam machen und dem Kläger Gelegenheit geben, sie zu ergänzen (sogenanntes **Fragerecht**, § 139).

In der gleichen Weise wie die Klage werden Sie die übrigen Schriftsätze der Parteien prüfen, also namentlich die Einwendungen des Beklagten. Sagt der Beklagte, der auf Zahlung des Kaufpreises verklagt wird, die Baumwolle sei unbrauchbar gewesen, so genügt solche allgemeine Redewendung nicht. Er muß angeben, worin die Mängel bestanden haben, damit Sie als Richter prüfen können, ob die Mängel erheblich waren. Er muß ferner angeben, wie er die Mangelhaftigkeit beweisen will (Zeugen? Sachverständige?). Er muß darlegen, wann und in welcher Weise er die Mängel gerügt hat, und dgl. Alles das sind Fragen, deren Prüfung zwar in erster Linie, aber nicht ausschließlich, dem gelehrten Richter obliegt. Vielmehr werden Sie auf Grund Ihrer kaufmännischen Spezialkenntnisse, Ihrer Lebenserfahrung und Ihrer Fähigkeit, logisch zu denken, bei sorgfältiger Lektüre der Klagebeantwortung auf diese oder jene Frage stoßen, deren Aufklärung Sie für notwendig halten. Da Sie nun unmöglich alles im Kopfe behalten können, werden Sie gut tun, sich die Ihnen wichtig erscheinenden Punkte zu notieren. Sie kommen dann gut vorbereitet in die mündliche Verhandlung, werden dem Vorsitzenden und den Parteien durch Hinweisung auf die aufklärungsbedürftigen Punkte gute Dienste erweisen und werden sich vor sich selbst auf Ihrem Platz nicht als fünftes Rad am Wagen, sondern als gleichberechtigter Mitarbeiter fühlen.

Bei der ersten Lektüre von Prozeßakten wird Ihnen auffallen, daß die Parteien oft unendlich vieles **„bestreiten"**. Man kann beinahe sagen: der Hauptunterschied zwischen dem Anwaltsprozeß und dem Laienprozeß liegt darin, daß der Anwalt soviel als möglich bestreitet, während der Laie gar nicht darauf verfällt. Im Gegenteil erlebt man täglich vor dem Amtsgericht, daß der Laie, vom Richter befragt, ob er diese oder jene gegnerische Behauptung bestreiten will, erwidert: „das kann ich nicht bestreiten". Der Anwalt würde in einem solchen Fall meistens erwidern: „ich bestreite es als unbekannt". Der Grund für dieses Bestreiten liegt darin, daß jede Partei nach der Prozeßordnung sich über die vom Gegner behaupteten Tatsachen zu erklären hat, und daß eine Tatsache, die nicht ausdrücklich bestritten wird, als zugestanden gilt, wenn die Bestreitungsabsicht nicht aus anderen Parteierklärungen hervorgeht. Eine Erklärung mit Nichtwissen ist nur für Tatsachen zulässig, die weder eigene Handlungen der Parteien, noch Gegenstand ihrer eigenen Wahrnehmung gewesen sind (§ 138). Die Folge dieser Bestimmung ist, daß der vorsichtige Anwalt jede gegnerische Behauptung, deren Richtigkeit ihm nicht ganz zweifelsfrei bekannt ist, bestreitet und den Gegner dadurch zwingt, für seine Behauptung Beweis anzutreten.

Deshalb wollen Sie diesem Punkt Ihre besondere Aufmerksamkeit zuwenden, d. h. bei der Lektüre der Schriftsätze darauf achten, welche Tatsachen bestritten sind und welche nicht. Bei einer bestrittenen Tatsache wollen Sie prüfen, ob Sie sie für erheblich halten oder nicht. Im ersteren Fall ist über die Behauptung Beweis zu erheben, im letzteren Fall nicht. Z. B.: Der Kläger klagt auf Rückzahlung eines Darlehns, welches er im Jahre 1929 gegeben haben will. Der Beklagte bestreitet, ein Darlehn empfangen zu haben. Die Behauptung, ein Darlehn gegeben zu haben, ist erheblich. Da sie bestritten ist, muß darüber Beweis erhoben werden. Hat Kläger keinen Beweis angetreten, so wird Ihnen das bei der Lektüre der Akten auffallen und Sie werden in der Verhandlung darauf hinweisen. Bestreitet Beklagter aber lediglich, das Darlehn schon im Jahre 1929 empfangen zu haben, will es vielmehr erst 1930 erhalten haben, verlangt der Kläger aber erst Zinsen seit 1930, so wird der Zeitpunkt der Darlehnshingabe regelmäßig unerheblich sein. Eine Beweisaufnahme hierüber würde sich also erübrigen.

Bis zum Jahre 1924 war der Grundsatz, daß Entscheidungen nur auf Grund mündlicher Verhandlungen ergehen können, ziemlich streng durchgeführt. Seit der Bekanntmachung zur Entlastung der Gerichte (sog. EntlastungsV.) vom 13. 5. 1924 kann das Gericht **auch ohne mündliche Verhandlung entscheiden,** wenn beide Parteien damit einverstanden sind. Die Parteien können dieses Einverständnis sowohl in einer mündlichen Verhandlung als auch außerhalb einer solchen erklären. Das Gericht kann dann ohne mündliche Verhandlung entscheiden, braucht es aber nicht zu tun. Es wird insbesondere dann nicht entscheiden, wenn die Gerichtsakten den Streitstoff nicht vollständig wiedergeben, oder wenn auch nur Zweifel darüber bestehen, was die Parteien vorbringen, namentlich auch Zweifel darüber, ob wesentliche Behauptungen streitig oder unstreitig sind und welche Beweise event. angetreten werden. Das Gericht wird in solchem Fall entweder mündliche Verhandlung anordnen oder durch Beschluß den Parteien aufgeben, die aufklärungsbedürftigen Punkte aufzuklären.

2. Brief.

Wie verhalten Sie sich in der mündlichen Verhandlung?

1. In der mündlichen Verhandlung vor Ihrer Kammer treten, wie Ihnen ja bekannt sein wird, die Parteien in der Regel nicht selbst auf, sondern werden durch ihre **Prozeßbevollmächtigten** vertreten. Der Prozeß vor Ihrer Kammer ist ein „Anwaltsprozeß" (§ 78). Der Anwalt muß bei Ihrem Gericht „zugelassen" sein. Ein Oberlandesgerichts- oder Reichsgerichtsanwalt kann also vor Ihnen keine Prozesse führen; er kann aber in der Verhandlung auftreten, wenn der prozeßbevollmächtigte Anwalt ihn mündlich vor Gericht oder schriftlich dazu ermächtigt (Rechtsanwaltsordnung § 27). Der prozeßbevollmächtigte Anwalt braucht Ihnen seine Vollmacht in der Regel nicht nachzuweisen; jedoch kann der Gegner die Vorlegung einer Vollmacht, ja sogar, wenn er will, einer beglaubigten Vollmacht, fordern (§§ 80^{II}, 88).

2. In der Regel haben Sie nur mit zwei Parteien zu tun, dem Kläger und dem Beklagten. Es kann aber vorkommen, daß **auf einer Seite mehrere Parteien auftreten,** namentlich als sog. **Streitgenossen** (§§ 59 ff.). Z. B. die Erben des Darlehnsgebers verlangen vom Darlehnsnehmer Rückzahlung; oder alle Sozien einer offenen Handelsgesellschaft werden als Gesamtschuldner verklagt oder dergl. Oder aber ein sog. **Nebenintervenient** tritt einer der beiden Parteien zur Unterstützung bei (§§ 66 ff.), namentlich wenn ihm vorher der Streit verkündet worden ist (§§ 72 ff.). Z. B. Kläger verlangt vom Beklagten Rückzahlung eines Darlehns, für welches B. gebürgt hat; B. hat ein rechtliches Interesse daran, daß der Beklagte, der Hauptschuldner, obsiegt und tritt ihm deshalb als Nebenintervenient bei. Oder der Versender V., dessen Gut während des Bahntransportes, aber seiner Meinung nach durch Verschulden des Spediteurs Sp. verloren gegangen ist, verklagt Sp. auf Schadensersatz und verkündet der Bahn den Streit. Die Bahn tritt dem V. als Nebenintervenient bei.

3. Die mündliche Verhandlung kann sich **einseitig** oder zweiseitig abspielen. Einseitig ist vor allem das **Versäumnisverfahren.** Erscheint **der Kläger,** d. h. sein Prozeßbevollmächtigter, im Verhandlungstermin nicht, so kann der Beklagte Abweisung der Klage durch Versäumnisurteil beantragen (§ 330). Erscheint der Beklagte nicht, so kann der Kläger gegen ihn Versäumnisurteil beantragen (§ 331). Das ist allerdings nicht so einfach, wie das gegen den Kläger; denn wie wir oben (S. 12) gesehen haben, gilt zwar beim Ausbleiben des Beklagten das

tatsächliche Vorbringen des Klägers als zugestanden, aber nach seinem Antrag ist nur zu erkennen, soweit das Vorbringen den Klageantrag rechtfertigt. Hier setzt also bereits Ihre prüfende Tätigkeit ein. Namentlich gilt dies für Klagen, die in einem sog. **Urkundenprozeß**, namentlich **Wechselprozeß** erhoben werden. In solchem Prozeß sind den Einwendungen des Beklagten gewisse Schranken gesetzt; dafür muß aber die Klage gewisse Voraussetzungen erfüllen. Insbesondere muß ausdrücklich gesagt sein, daß man im Urkunden- bzw. Wechselprozeß klage; auch müssen alle klagebegründenden Tatsachen durch Urkunden (namentlich Wechsel) bewiesen werden können. Die Urkunden (Wechsel) müssen der Klage oder einem vorbereitenden Schriftsatz in Urschrift oder Abschrift beigefügt werden. Im Termin haben Sie, soweit Sie es nicht schon vorher getan haben, zu prüfen, ob die Urkunden, namentlich der Wechsel, in Ordnung ist und den Klageanspruch rechtfertigen. Viele Gerichte (z. B. KammerG.) verlangen im Termin Vorlegung des Originalwechsels, andere begnügen sich mit der bei den Akten befindlichen Abschrift.

4. Das Versäumnisurteil hat den Vorteil, daß es sofort, d. h. schon vor Eintritt der Rechtskraft vollstreckbar („vorläufig vollstreckbar") ist, dagegen den Nachteil, daß es die Instanz nicht beendigt, sondern durch einfachen Einspruch (der allerdings die Vollstreckung nicht ohne weiteres hindert) ohne Begründung angefochten werden kann. Auch hindern den Anwalt häufig kollegiale Rücksichten und Ehrenkodexbestimmungen, den ausgebliebenen Kollegen zu kontumazieren, zum mindesten ohne vorherige Androhung. Deshalb gibt es noch eine zweite Form einseitigen Verhandelns, diejenige **„nach Lage der Akten"**. Die Partei kann beim Ausbleiben des Gegners eine Entscheidung nach Lage der Akten beantragen. Diesem Antrag ist zu entsprechen, wenn der Sachverhalt für eine derartige Entscheidung hinreichend geklärt erscheint (§ 331 a). Ein sachlicher Vortrag der erschienenen Partei ist hier nicht nötig. Das Gericht kann alle Entscheidungen treffen, zu deren Erlaß es auf Grund mündlicher Verhandlung befugt wäre (Urteil, Beweisbeschluß, Auflagen, Vertagung usw.); ein Urteil kann jedoch nur ergehen, wenn in der Instanz bereits in einem früheren Termin eine mündliche Verhandlung stattgefunden hat. Auch darf das Urteil nur in einem besonderen auf mindestens 1 Woche hinaus angesetzten Termin verkündet werden, von dem die nicht erschienene Partei durch eingeschriebenen Brief zu benachrichtigen ist.

Eine Entscheidung nach Lage der Akten kann übrigens das Gericht auch **ohne Antrag** von Amts wegen erlassen, nämlich wenn beide

Parteien nicht erscheinen, oder wenn nur eine Partei erscheint und keine Anträge zur Sache stellt, das Gericht auch nicht Vertagung bewilligt (§ 251 a). Diese Bestimmung soll dazu dienen, Verzögerungen durch den Parteibetrieb zu unterbinden.

5. Die regelmäßige Form der Verhandlung ist die **zweiseitige streitige** (kontradiktorische). Sie wird dadurch eingeleitet, daß die Parteien ihre **Anträge** stellen: also in der Regel der Kläger den Antrag auf vorläufig vollstreckbare Verurteilung oder auf Feststellung, der Beklagte den Antrag, die Klage abzuweisen, im Falle der Verurteilung aber ihm zu gestatten, die Zwangsvollstreckung durch Sicherheitsleistung abzuwenden. Die Vorträge der Parteien sind in freier Rede zu halten; sie haben das Streitverhältnis in tatsächlicher und rechtlicher Beziehung zu umfassen (§ 37).

In der Praxis kommt es jedoch häufig vor, daß die Parteien nicht ausführlich vortragen, sondern auf die Schriftsätze Bezug nehmen, sei es daß der Vorsitzende vorher den Streitstoff kurz skizziert hat, sei es auch ohne diese Voraussetzung. Um so wichtiger ist natürlich für Sie das vorherige eingehende Studium der Akten.

Es ist Ihnen selbstverständlich bekannt, daß Sie während der Dauer Ihres Amtes in Beziehung auf dieses Amt alle Rechte und Pflichten eines richterlichen Beamten haben (G. § 116) und demzufolge auch **in der mündlichen Verhandlung einem gelehrten Richter vollkommen gleich stehen.** Ja, teilweise gehen Ihre Rechte sogar weiter; denn über Gegenstände, zu deren Beurteilung eine kaufmännische Begutachtung genügt, (z. B. ob es üblich ist, eine Ware in dieser oder jener Qualität, Ausstattung, Verpackung zu liefern), sowie über das Bestehen von Handelsgebräuchen kann die Kammer für Handelssachen **auf Grund eigener Sachkunde und Wissenschaft entscheiden,** braucht also nicht erst Beweis darüber zu erheben (§ 118). Es genügt hier, wie überall, die Mehrheit; es genügt also z. B., daß Sie und Ihr Kollege, der andere Handelsrichter, über den betreffenden Punkt eine kaufmännische Begutachtung abgeben können, oder über den betreffenden Handelsbrauch aus eigener Sachkunde und Wissenschaft entscheiden können. Ihre Machtbefugnisse gehen sogar so weit, daß Ihre Kammer als Berufungsgericht auf Grund eigener Sachkunde gegen ein in der ersten Instanz (vor dem Amtsgericht) eingeholtes Gutachten entscheiden kann.

In der mündlichen Verhandlung stehen dem **Vorsitzenden** allerdings gewisse Sonderbefugnisse zu. Er eröffnet und leitet die mündliche Verhandlung. Er erteilt das Wort und kann es demjenigen, welcher seinen Anordnungen nicht Folge leistet, entziehen. Er hat Sorge zu tragen, daß die Sache erschöpfende Erörterung finde und die Verhandlung ohne Unterbrechung zu Ende geführt werde; erforderlichenfalls hat er die Sitzung zur Fortsetzung der Verhandlung sofort zu bestimmen. Er schließt die Verhandlung, wenn nach Ansicht des Gerichts die Sache vollständig erörtert ist, und verkündet die Urteile und Beschlüsse des Gerichts (§ 136). Er hat dahin zu wirken, daß die Parteien über alle erheblichen Tatsachen sich vollständig erklären und die sachdienlichen Anträge stellen, insbesondere auch ungenügende Angaben der geltend gemachten Tatsachen ergänzen und die Beweismittel bezeichnen. Er hat zu diesem Zwecke, soweit erforderlich, das Sach- und Streitverhältnis mit den Parteien nach der tatsächlichen und der rechtlichen Seite zu erörtern und Fragen zu stellen. Der Vorsitzende hat auf die Bedenken aufmerksam zu machen, welche in Ansehung der von Amts wegen zu berücksichtigenden Punkte obwalten (§ 139; sog. **Fragerecht** und Fragepflicht). Aber Sie haben auch Ihrerseits das Recht, Fragen an die Parteien zu stellen, und auf Grund Ihres vorherigen Aktenstudiums (s. o. S. 14), oder auf Grund Ihrer Eindrücke aus der Verhandlung werden Sie sich stets einen entscheidenden Einfluß auf den Gang des Prozesses sichern, sei es indem Sie das Fragerecht direkt ausüben, sei es, indem Sie den Vorsitzenden vor oder während der Verhandlung auf die Ihnen wichtig erscheinenden Punkte hinweisen.

Die *Fragepflicht des Gerichts ist von ganz besonderer Bedeutung für die Parteien.* Denn darüber, welcher Punkt erheblich ist oder nicht, können die Ansichten natürlich oft geteilt sein. Eine Partei glaubt häufig alles gesagt zu haben, was zur Schlüssigkeit ihres Vorbringens nötig ist, während der eine oder der andere Richter häufig diese oder jene tatsächliche Behauptung vermißt. Der gewissenhafte Richter wird nicht stumm dasitzen und die Parteien erst durch das Urteil darüber belehren, daß sie dieses oder jenes noch hätten vortragen sollen, er wird vielmehr von der Fragepflicht im weitgehenden Umfange Gebrauch machen. Die Verabsäumung des richtigen Fragens hat oft zur Folge, daß die Parteien in die zweite Instanz gehen müssen und daß dort erst diejenige erschöpfende Aufklärung des Sachverhalts erfolgt, die ebensogut schon in der ersten Instanz hätte erfolgen können. Den Parteien und Gerichten erwachsen dadurch nur unnötige Mühen und Kosten.

Namentlich soll das Gericht bei *Schadensersatzansprüchen* auf die etwa fehlende Substantiierung des Schadens (über die die Ansichten weit auseinander gehen werden) durch Ausübung des Fragerechts hinweisen. Ferner soll das Gericht eine Tatsache in der Regel nicht deshalb unberücksichtigt lassen, weil die Partei sie nicht unter Beweis gestellt hat, sondern soll sich erst durch Fragen vergewissern, ob die Partei Beweis antreten kann und will. Schiebt eine Partei der anderen einen Eid zu (z. B. darüber, daß Kläger zugestanden habe, dem Beklagten fehlerhafte Ware geliefert zu haben), so dient das Fragerecht dazu, die Partei zu veranlassen, den Eid bestimmter zu fassen (z. B. wann, bei welcher Gelegenheit, mit welchen Worten soll das Zugeständnis abgegeben worden sein). Die Partei muß zur Beantwortung der gestellten Frage eine angemessene Frist erhalten; nötigenfalls ist die Verhandlung zu diesem Zweck zu vertagen oder eine schon geschlossene Verhandlung durch besonderen Auflagenbeschluß wieder aufzunehmen.

6. Sie wissen vielleicht schon, daß die mündliche Verhandlung durch das Vorlesen der Anträge eingeleitet wird. Bevor die Parteien nun aber zur Hauptsache verhandeln können, sind oft gewisse formale Schwierigkeiten aus dem Wege zu räumen. Dahin gehören u. a. die sogenannten **prozeßhindernden Einreden**: z. B. die Einrede, daß das Gericht unzuständig sei (s. oben S. 11, 13), daß der Prozeß nicht vor das ordentliche, sondern vor ein Schiedsgericht gehöre und dergl. (§ 274). Der Beklagte muß solche Einreden vor der Verhandlung zur Hauptsache vorbringen, sonst ist er in der Regel damit ausgeschlossen.

Eine prozeßhindernde Einrede ist auch die, daß der Kläger noch keine Sicherheit für die Prozeßkosten geleistet habe. Es handelt sich hierbei nicht um die Sicherung des Fiskus für die Gerichtskosten, sondern um die Sicherung des Beklagten für die Kosten, die ihm event. der unterliegende Kläger zu erstatten haben wird. Dieser Sicherungszwang besteht — man darf wohl sagen: leider — nur für Ausländer und auch nur für solche, mit deren Staaten nicht ein anderweites Abkommen besteht (§§ 110 ff.).

7. Abgesehen von solchen prozeßhindernden Einreden können die Parteien Angriffs- und Verteidigungsmittel (Einreden, Widerklagen, Repliken) in der Regel bis zum Schluß derjenigen mündlichen Verhandlung, auf die das Urteil ergeht, geltend machen (§ 278). Um nun der Gefahr der **Prozeßverzögerung** vorzubeugen, hat das Gericht verschiedene Möglichkeiten. Es kann

a) wenn das nachträgliche Vorbringen die Erledigung des Prozesses verzögert, der obsiegenden Partei unter Umständen die Prozeßkosten ganz oder teilweise auferlegen (§ 278);
b) es kann Angriffs- oder Verteidigungsmittel, Beweismittel und

Beweiseinreden, die nachträglich vorgebracht werden, zurückweisen, wenn die Zulassung den Prozeß verzögern würde und die Partei, nach freier Überzeugung des Gerichts, die betreffenden Tatsachen in der Absicht der Verschleppung oder aus grober Fahrlässigkeit nicht früher vorgebracht hat (§ 279);

c) es kann eine Aufklärungsauflage erlassen und eine Erklärung, die nicht innerhalb einer gestellten Frist abgegeben wird, für die Instanz unberücksichtigt lassen (§ 279 a).

8. Die Kammer für Handelssachen ist nicht nur Gericht erster Instanz, sondern auch **Berufungsgericht** für Handelssachen, die in erster Instanz beim Amtsgericht anhängig waren. Vor dem Berufungsgericht wird der Prozeß in den durch die Anträge bestimmten Grenzen von neuem verhandelt (§ 525); er spielt sich also vor Ihrer Kammer im wesentlichen so ab, wie sich eine erstinstanzliche Verhandlung abspielen würde. Die Parteien können Angriffs- und Verteidigungsmittel, die sie in der ersten Instanz nicht geltend gemacht haben, namentlich auch neue Tatsachen und Beweismittel vorbringen; neue Ansprüche aber im allgemeinen nur mit Bewilligung des Gegners (§ 529).

Das Gericht muß von Amts wegen prüfen, ob die Berufung an sich statthaft ist (was z. B. nicht der Fall ist, wenn der Beschwerdegegenstand RM. 100.— nicht übersteigt); es muß auch prüfen, ob die Berufung in der gesetzlichen Form und Frist (1 Monat nach Zustellung des Amtsgerichtsurteils) eingelegt ist (§ 535). In gewissen Fällen kann Ihre Kammer die Sache zur weiteren Verhandlung an das Amtsgericht zurückverweisen; z. B. wenn der Amtsrichter nur über den *Grund* eines Anspruchs entschieden hat, Ihre Kammer dieses Urteil bestätigt und über die *Höhe* des Anspruchs vor dem Amtsrichter weiter verhandelt und entschieden werden muß (§§ 538, 539). In anderen Fällen entscheidet Ihre Kammer als Berufungsgericht endgültig.

Da es gegen ein Berufungsurteil Ihrer Kammer *kein weiteres Rechtsmittel* gibt, so werden Sie bei Ihrer Mitwirkung in der Berufungsinstanz selbstverständlich ganz besondere Sorgfalt obwalten lassen, insbesondere in bezug auf vollständige Aufklärung des Sachverhalts. Ein sogenanntes „Durchhauen“ wäre hier noch weit weniger angebracht als bei einer erstinstanzlichen Verhandlung und würde bei der unterliegenden Partei nur das Empfinden hervorrufen, daß die Kammer ihrem Vorbringen nicht das genügende Verständnis entgegengebracht habe.

3. Brief.

Wie verhalten Sie sich in der Beweisaufnahme?

1. Wie Sie wohl wissen werden, kann die mündliche Verhandlung auf verschiedene Weise enden: in der Regel entweder mit Vertagung zur weiteren Aufklärung oder Vorbereitung, oder mit einem Beweisbeschluß, oder mit einem Urteil. Nicht jeder Prozeß erfordert eine Beweisaufnahme. Sie ist überflüssig z. B., soweit Versäumnisurteil oder Anerkenntnisurteil ergeht, und bei streitiger Verhandlung, wenn der Rechtsstreit auf Grund des unstreitigen Tatsachenmaterials ohne weiteres zur Entscheidung reif ist. Z. B. Kläger verlangt Bezahlung gelieferter Baumwolle, Beklagter verweigert Bezahlung wegen Mangelhaftigkeit der Ware. Kläger bestreitet die Mängel. Eines Beweises hierfür bedarf es aber nicht, da der Beklagte die Ware nicht, wie es das Handelsgesetzbuch vorschreibt, unverzüglich untersucht und gerügt hat. Oder der Kläger verlangt Auflösung einer offenen Handelsgesellschaft wegen angeblich schwerwiegender Pflichtverletzungen seines verklagten Sozius; Beklagter bestreitet die Klagebehauptungen; eines Beweises hierfür bedarf es aber nicht, wenn das Gericht der Ansicht ist, daß die vom Kläger behaupteten Tatsachen, selbst wenn sie wahr sind, sein Auflösungsbegehren nicht rechtfertigen.

Ebensowenig bedarf es einer Beweisaufnahme über Tatsachen, die die Gegenpartei entweder ausdrücklich zugibt (sog. gerichtliches **Geständnis**, § 288) oder wenigstens nicht ausdrücklich bestreitet, oder über Tatsachen, die beim Gericht offenkundig sind (§ 291), z. B. daß die Mietpreise an einem Ort gestiegen oder gefallen sind.

Sobald es sich aber um eine behauptete Tatsache handelt, die vom Gegner bestritten wird und die das Gericht als für die Prozeßentscheidung erheblich hält, erhebt das Gericht die für die Tatsache angebotenen Beweise. Hat die Partei keinen Beweis angetreten, so ist sie durch Ausübung des richterlichen Fragerechts (s. o. S. 20) zum Beweisantritt zu veranlassen. Kann oder will sie keinen Beweis antreten, so ist sie „beweisfällig" und riskiert den Verlust des Prozesses.

2. Eine streitige Tatsache kann auf verschiedene Arten bewiesen werden; durch Vornahme des richterlichen Augenscheins (z. B. der streitigen Ware, §§ 371 f.); durch Vernehmung von Zeugen (§§ 373 ff.) oder Sachverständigen (§§ 402 ff.); durch Urkunden (§§ 415 ff.) oder durch Parteieid (§§ 445 ff.). Die Beweisaufnahme kann häufig ohne besonderes Verfahren im Verhandlungstermin erledigt werden, ja,

soweit dies tunlich, soll die Beweisaufnahme auch sofort erfolgen, z. B. der Beweis durch zur Stelle gebrachte Urkunden. Insbesondere sollen Zeugen und Sachverständige, falls sie zur Stelle sind oder ihre unverzügliche Gestellung möglich ist, sofort vernommen werden. Ein Eid soll in der Regel nur dann sofort abgenommen werden, wenn seine Zuschiebung und setne Annahme schon in vorbereitenden Schriftsätzen erklärt waren (§ 357a). In solchen Fällen, wo die Beweisaufnahme sofort erfolgt, bedarf es gar keines besonderen Beweisbeschlusses; die Beweisaufnahme (z. B. Vorlegung und Prüfung der Urkunden, Vernehmung der gestellten Zeugen) erfolgt unmittelbar im Anschluß an die Verhandlung vor der Kammer.[1])

In anderen Fällen, wenn die Beweisaufnahme nicht sofort im Verhandlungstermin erfolgen kann, ist sie durch besonderen **Beweisbeschluß** anzuordnen (§ 358). Bei der Abfassung des Beweisbeschlusses wirken Sie selbstverständlich als vollberechtigtes Mitglied des Gerichts mit. Sie haben also insbesondere Ihre Meinung darüber zu äußern, ob Sie den angetretenen Beweis für erheblich halten, oder ob Sie meinen, daß die Prozeßentscheidung von der Richtigkeit oder Unrichtigkeit der betreffenden Behauptung unabhängig sei. Sie haben auch darüber mitzusprechen, ob die Beweisaufnahme vor der ganzen Kammer oder nur vor einem ihrer Mitglieder (dem sog. **beauftragten Richter**, §§ 355, 361, 375) erfolgen soll. Nach dem im August 1931 veröffentlichten Zivilprozeßordnungentwurf soll die Beweisaufnahme regelmäßig vor der Kammer erfolgen; nach der jetzigen Praxis hingegen wird sie meistens einem beauftragten Richter übertragen. Beauftragt kann der Vorsitzende werden, oder Sie, oder Ihr Kollege.

Werden Sie mit der Beweisaufnahme beauftragt, so werden Sie vor eine schwierige und verantwortungsvolle Aufgabe gestellt. Denn:

„da tritt kein anderer für Sie ein,
auf sich selber stehn Sie da ganz allein.“

Um die Ladung der Zeugen oder Sachverständigen brauchen Sie sich nicht zu bekümmern; das besorgt die Geschäftsstelle (§ 377). Auch die Anwälte müssen geladen werden, weil die Parteien ein Recht darauf haben, der Beweisaufnahme beizuwohnen (§ 357). Daher darf die Beweisaufnahme, sofern der Beweistermin nicht verkündet ist, nur erfolgen, wenn die Parteien vom Termin so rechtzeitig benachrichtigt sind, daß ihnen die Wahrnehmung des Termins möglich ist.

[1]) Das ist das ideale, „unmittelbare“ Verfahren, welches der Entw. der neuen ZPO. zur Regel erheben will.

Es ist ratsam, daß Sie sich vor dem Beweistermin über die erfolgte Ladung der Zeugen, Sachverständigen und Parteien vergewissern, damit Sie nicht vergeblich zum Termin gehen.

3. Selbstverständlich ist ferner, daß Sie den Termin nicht wahrnehmen werden, ohne vorher die Akten ganz gründlich studiert zu haben; also die Klage, die übrigen Schriftsätze und damit die beiderseitigen Parteibehauptungen, ferner etwaige Urkunden (Verträge, Frachtbriefe, Havariezeugnisse, Briefe usw.) und Protokolle über die schon etwa stattgehabten Beweisaufnahmen. Die Grundlage des Termins ist für Sie der Beweisbeschluß. Aber um ihn und seine Tragweite richtig zu würdigen, müssen Sie die ganzen Akten kennen. Sie tun auch hier — wie bei der Vorbereitung zum Verhandlungstermin — gut darin, sich die Ihnen wichtig erscheinenden Punkte zu notieren, namentlich diejenigen Punkte, auf die es Ihnen bei der Vernehmung der Zeugen oder Sachverständigen anzukommen scheint. Bei umfangreichen Akten mit zahlreichen Parteibehauptungen ist es selbst bei gründlichem Studium nicht möglich, alles im Kopfe zu behalten. Auch gibt der Beweisbeschluß häufig nur einen knappen Auszug aus den zu beweisenden Parteibehauptungen, und nicht die ganzen Parteibehauptungen, wieder. Gewissenhaft wie Sie sind, werden Sie deshalb zu **Hilfsmitteln** greifen, **um Ihr Gedächtnis zu stärken** und sich die Vernehmung zu erleichtern. Häufig wird es zweckmäßig sein, daß Sie erst den Beweisbeschluß lesen, sich die Namen der Zeugen auf einen Zettel notieren, dann die ganzen Akten lesen und bei der Lektüre der Akten überall dort, wo Sie einen im Beweisbeschluß vorkommenden Zeugen benannt finden, sich auf Ihrem Zeugenzettel eine Bemerkung machen.

Zum Beispiel:

„Zeuge Müller: s. Bl. 4, 16, 38.
Zeuge Schulze: s. Bl. 5 v, 18, 41.
(Besonders zu befragen über Bl. 41 und den Vertrag Bl. 26! Brief Bl. 27 vorhalten!)"

und dergl.

Manchmal werden Sie auch gut tun, nicht nur die Zeugen, sondern auch die im Beweisbeschluß erwähnten Parteibehauptungen sich nach dem vorstehenden Muster zu notieren. Z. B. bei einem Schadensersatzprozeß gegen die Eisenbahn würde Ihr Notizenzettel etwa wie folgt lauten:

a) „Wie war die Verpackung des Gutes?
Behauptungen des Klägers: Bl. 2, 14, 29.

Behauptungen des Beklagten: Bl. 9, 17, 35.
Tatbestandsaufnahme: Bl. 10.
Brief des Empfängers: Bl. 11.

b) Wie erfolgte die Verladung des Gutes?
Behauptungen des Klägers: Bl. 3, 15, 30.
Behauptungen des Beklagten: Bl. 10, 18, 37.
Tatbestand: Bl. 10.
Bereits erfolgte Zeugenvernehmungen: Bl. 49 ff."

An der Hand dieser Notizen können Sie dann bei oder nach der Vernehmung jedes Zeugen schnell feststellen, ob Sie alle Tatsachen, die in das Wissen des Zeugen gestellt sind, oder alle Behauptungen, die sich auf die betreffende Beweisfrage beziehen, beachtet und berücksichtigt haben. Es ist gut, wenn Sie sich hierbei ganz auf sich und nicht auf die Hilfe der Anwälte oder Parteien verlassen. Denn erstens sind die Parteien oder Anwälte nicht immer anwesend oder vertreten, und zweitens sind sie auch nicht immer hinreichend informiert oder hinreichend sorgfältig oder hinreichend geschult, um dafür zu sorgen, daß eine Beweisfrage erschöpfend erörtert wird.

4. So vorbereitet, werden Sie ruhigen Gewissens und ohne Beklemmungen zum Termin gehen. Im Termin müssen Sie den Protokollführer vorfinden (§ 165). Ohne seine Anwesenheit soll die Beweisaufnahme nicht stattfinden. Nach Aufruf der Sache sorgen Sie dafür, daß der Protokollführer aufführt, welche Zeugen und Sachverständige sowie wer für die Parteien erschienen ist. Die Anwesenheit der Parteien ist für die Durchführung der Beweisaufnahme an sich nicht notwendig (§ 367). Erscheint für eine Partei ein Anwalt, so brauchen Sie sich nach der herrschenden, wenn auch nicht unbestrittenen Ansicht um seine Vollmacht nicht zu bekümmern. Sie können, wenn der Gegner etwa eine Vollmacht verlangen sollte, den Anwalt trotzdem ohne Vollmacht zur Beweisaufnahme zulassen (§ 89).

Ein geladener Zeuge kann sich natürlich nicht vertreten lassen, sondern muß selbst erscheinen. Häufig kommt es aber vor, daß ein geladener Zeuge (z. B. ein Geschäftsinhaber) einen anderen (z. B. seinen Geschäftsführer, Handlungsbevollmächtigten oder dgl.) schickt mit dem Bemerken, daß dieser, nicht er selbst, über die Sache Bescheid wisse. Sind nun beide Parteien im Beweistermin durch ihre Anwälte vertreten und stimmen diese der Vernehmung des nicht geladenen an Stelle des geladenen Zeugen zu, so können Sie ihn getrost vernehmen. Aber auch wenn nicht beide Parteien zustimmen, ja sogar gegen den Protest einer oder beider Parteien können Sie ihn vernehmen; denn das Gesetz gibt Ihnen als beauftragtem Richter das Recht, den von der Kammer erlassenen Beweisbeschluß auch ohne neue mündliche Verhandlung insoweit zu verändern als es sich um die Vernehmung anderer als der im Beschluß angegebenen Zeugen oder Sachverständigen handelt (§ 360). Solcher Fall kann auch dann eintreten, wenn die Kammer unter den von einer Partei benannten Zeugen A., B., C., D. zunächst nur A. und B. zur Vernehmung ausgewählt hat und Sie nun nach Vernehmung dieser beiden der Ansicht sind, daß man ohne die Zeugen C. und D. nicht auskommen wird; dann dürfen Sie auf Antrag einer Partei oder auch von Amts wegen noch diese Zeugen laden und vernehmen. In allen Fällen, wo Sie eine solche Änderung des Beweisbeschlusses vornehmen, sollen Sie die Partei tunlichst vorher hören (ohne an deren Meinungen gebunden zu sein) und sie in jedem Fall von der Änderung unverzüglich benachrichtigen.

Einen Zeugen, der trotz ordnungsmäßiger Ladung (die Sie aus den Akten feststellen müssen) **nicht erschienen** ist, können Sie in Strafe verurteilen (§§ 380, 400). Es empfiehlt sich aber, mit solchem Beschluß einige Zeit zu warten, da häufig noch nachträglich Entschuldigungen eingehen, oder den Beschluß überhaupt der Kammer zu überlassen.

5. Nachdem Sie nun haben aufnehmen lassen, wer erschienen ist, richten Sie die Frage an die Zeugen, ob jemand mit einer Partei **verwandt oder verschwägert** sei. Diese Frage beruht darauf, daß gewisse Personen gesetzlich zur Verweigerung des Zeugnisses berechtigt sind: der Verlobte einer Partei; der Ehegatte, auch wenn die Ehe nicht mehr besteht (also geschieden oder für nichtig erklärt ist); ferner die in gerader Linie Verwandten einer Partei (Kinder, Enkel, Eltern, Großeltern usw.); die in gerader Linie Verschägerten einer Partei (Stief- und Schwiegerkinder oder -eltern); Adoptivkinder und -eltern; Verwandte in der Seitenlinie bis zum 3. Grade (Geschwister 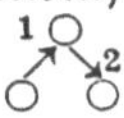

Geschwisterkinder 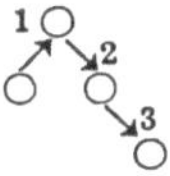 Onkels, Tanten 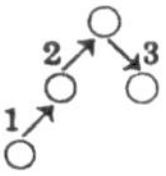 aber nicht Vettern und Cousinen); oder Verschwägerte bis zum 2. Grade der Seitenlinie (Schwäger, Schwägerin; BGB. § 1589).

Stellt sich nun heraus, daß ein Zeuge zu den vorerwähnten Ver wandten gehört, so ist es Ihre Pflicht, **den Zeugen über sein Zeugnisverweigerungsrecht zu belehren.** Diese Belehrung und die Antwort des Zeugen lassen Sie in das Protokoll aufnehmen.

Außer den vorerwähnten Verwandten gibt es noch andere

Personen, die ihr Zeugnis verweigern dürfen. So ein Geistlicher in Ausübung dessen, was ihm bei Ausübung der Seelsorge anvertraut ist; oder jemand, dem kraft seines Amts, Standes oder Gewerbes Tatsachen anvertraut sind, deren Geheimhaltung durch deren Natur oder Gesetz geboten ist, in betreff der Tatsachen, auf die die Schweigepflicht sich bezieht (§ 383 Nr. 4, 5), es sei denn, daß er von der Schweigepflicht entbunden ist (§ 385 Abs. 2). Dazu gehört z. B. der Arzt und sein Personal; ferner der Rechtsanwalt, wenn er bei Ausübung seiner Berufstätigkeit zur Kenntnis einer Tatsache gelangt ist, an deren Geheimhaltung die Partei ein erkennbares Interesse hat; ferner der Notar bezüglich der Verhandlungen, bei denen er mitgewirkt hat, auch wenn es zu einem notariellen Akt nicht gekommen ist; ferner ein öffentlicher Beamter, z. B. Polizeibeamter, Postbeamter, Gewerbeinspektor; ein Auskunftsbureau oder Detektiv. Nicht dagegen ein kaufmännischer Angestellter, auch wenn er in die Geschäftsgeheimnisse seines Chefs eingeweiht ist; auch nicht der Testamentsvollstrecker.

Ferner kann ein Zeuge ein Zeugnis über Fragen verweigern, deren Beantwortung ihm oder seinem Verwandten einen unmittelbaren vermögensrechtlichen Schaden verursachen oder ihm oder seinen Verwandten zur Unehre gereichen oder die Gefahr strafgerichtlicher Verfolgung zuziehen würde, oder über Fragen, durch deren Beantwortung er ein Kunst- oder Gewerbegeheimnis offenbaren müßte (§ 384). Gewerbegeheimnis ist alles, an dessen Geheimhaltung seiner Natur nach der Gewerbetreibende ein erhebliches Interesse hat. Auch der Angestellte kann in solchem Fall das Zeugnis verweigern. Zu solchen Gewerbegeheimnissen gehören unter Umständen die Einkaufspreise eines Kaufmanns oder der Wortlaut von Verträgen, die der Kaufmann geschlossen hat (z. B. mit einem Spediteur über Unterkonventionssätze) oder sonstige handelsgeschäftliche, einen inneren Vorgang im Geschäft betreffende Umstände, an deren Nichtoffenbarung der Zeuge, namentlich im Hinblick auf die Konkurrenz, ein erhebliches, unmittelbares gewerbliches Interesse hat. Nicht Gewerbegeheimnisse sind die Verkaufspreise einer Firma, auch dann, wenn sie je nach den Verhältnissen der einzelnen Kunden verschieden bestimmt werden.

In gewissen Fällen muß der Verwandte oder der, der aus der Aussage einen Vermögensschaden befürchtet, aussagen (Näheres § 385).

Im Einzelfall kann manchmal zweifelhaft sein, ob ein Zeugnisverweigerungsrecht besteht. Aber hierüber haben im Streitfall nicht Sie allein, sondern die Kammer, zu entscheiden (§ 387). Sie brauchen weiter nichts zu tun, als die Erklärungen des Zeugen und der Parteien in das Protokoll aufnehmen zu lassen.

6. Nachdem Sie die Zeugen über ihr Verwandtschaftsverhältnis befragt und ev. über ihr Zeugnisverweigerungsrecht belehrt haben, empfiehlt es sich, die Zeugen darauf aufmerksam zu machen, daß sie unter Umständen ihre Aussagen **beschwören** müssen. Sie werden dann die Zeugen „in angemessener Weise" auf die Bedeutung des Eides hinweisen (§ 480). Bestimmte Vorschriften hierüber bestehen nicht. Es bleibt Ihrem Taktgefühl überlassen, was Sie dem Zeugen sagen wollen. Häufig wird es genügen, wenn Sie sagen: „Die Bedeutung des Eides ist Ihnen ja wohl bekannt", oder dergl. In anderen Fällen werden Sie es für richtig halten darauf hinzuweisen, daß ein vorsätzlicher Falscheid mit Zuchthausstrafe, ein fahrlässiger Falscheid mit Gefängnisstrafe bedroht ist. In anderen Fällen werden Sie es für nötig erachten, einen Zeugen besonders darauf hinzuweisen, daß ihn sein Verwandtschaftsverhältnis (falls er Zeugnis ablegen will) oder sein Angestelltenverhältnis, oder der Umstand, daß er mit einer Partei befreundet oder verfeindet ist, nicht abhalten dürfe, die reine Wahrheit zu sagen, da ja falscher Eid bestraft werde und er sich doch nicht unglücklich machen wolle, oder ähnliches.

7. Nachdem Sie auch diesen Punkt erledigt haben, beginnen Sie **mit der Vernehmung der Zeugen.** Sie müssen jeden Zeugen einzeln und in Abwesenheit der später abzuhörenden Zeugen vernehmen, müssen also den einen Zeugen im Zimmer behalten und die übrigen Zeugen bitten, draußen zu warten. Diese Bestimmung gilt aber nicht für **Sachverständige;** diese können und sollen in der Regel während der ganzen Beweisaufnahme zugegen sein, auch wenn es mehrere Sachverständige sind.

Sie beginnen die Vernehmung damit, daß Sie den Zeugen über Vor- und Zunamen, Alter, Stand oder Gewerbe und Wohnort (nicht Wohnung) befragen. Dagegen nicht über seine Religion. Soweit Sie es für nötig halten, können Sie ihn auch nach solchen Umständen fragen, die seine Glaubwürdigkeit in der vorliegenden Sache betreffen, namentlich über seine Beziehungen zu den Parteien (§ 395).

Nach dieser Einleitung kommen Sie zur eigentlichen Vernehmung. Nach dem Gesetz soll der Zeuge das, was ihm vom Gegenstand seiner Vernehmung bekannt ist, im Zusammenhang angeben (im Gegensatz zum englischen Prozeß, wo der Zeuge nur über ganz bestimmte, von den Parteien an ihn gerichtete Fragen zu antworten hat). Der „**Gegenstand seiner Vernehmung**" ergibt sich aus dem Beweisbeschluß. Dieser

Vernehmungsgegenstand ist dem Zeugen bereits in seiner Ladung mitgeteilt worden, so daß er sich darauf vorbereiten konnte. Sie werden gut tun, sich zu vergewissern, ob der Zeuge das richtige Beweisthema in der Ladung mitgeteilt erhalten hat, da bei den Ladungen manchmal Fehler unterlaufen können. Auch wenn der Zeuge die Beweisfrage richtig erhalten hat, wird es sich oft empfehlen, sie ihm noch einmal vor der Vernehmung vorzulesen.

Was nun folgt, die eigentliche Vernehmung, ist eine Wissenschaft für sich, oder, richtiger gesagt, eine Kunst. Manche gelehrte Richter haben es in den Fingerspitzen, manche lernen es nie. Man möchte manchmal mit der Faust dazwischenschlagen, wenn man sieht, wie ein gelehrter Richter den Zeugen dauernd mißversteht, wie Juristensprache und Sprache des Volkes aneinander vorbeireden, wie der Zeuge eingeschüchtert, der Richter ärgerlich wird, und wie über eine einfache Frage, über die sich zwei vernünftige Menschen in 5 Minuten verständigen können, 1 Stunde hin- und hergeredet oder geschrien wird. Gerade bei Ihren Kollegen erlebt man derartiges selten. Die vielfache Gelegenheit, die Ihr Beruf mit sich bringt, mit Menschen umzugehen und sie zu verstehen, macht Sie zur richterlichen Vernehmungstätigkeit geradezu prädestiniert.

Wenn nun auch die Vernehmungskunst von Ihrer Person, Ihrer Geschicklichkeit im allgemeinen, Ihrer Vorbereitung auf den Termin im besonderen abhängt, so lassen sich doch einige allgemeine aus der Praxis geschöpfte Regeln aufstellen, deren Beachtung dienlich sein wird.

a) Wenn der Zeuge sich, wie das Gesetz es vorschreibt, „im Zusammenhang" äußern soll, so führt das bei einer langdauernden Vernehmung häufig dazu, daß, wenn Sie zur Protokollierung schreiten, Sie nicht mehr alles im Kopfe haben, was der Zeuge gesagt hat, und ihn dann häufig vor jedem diktierten Satz noch einmal befragen müssen. Können Sie stenographieren, so werden Sie deshalb gut tun, die Aussage des Zeugen sofort mitzuschreiben. Wenn Sie das nicht können, wird es sich meist empfehlen, jeden Satz, den der Zeuge ausspricht, sofort ins Protokoll zu diktieren. Richter, die weder das eine noch das andere tun, brauchen oft die doppelte Zeit zur Vernehmung, als nötig.

b) **Lassen Sie sich während der Vernehmung und des Diktierens von den Parteien und ihren Anwälten nicht dazwischenreden.** Zwar dürfen die Parteien durch Sie dem Zeugen Fragen vorlegen lassen, die sie zur Aufklärung der Sache oder der Verhältnisse des Zeugen für dienlich erachten; die Partei kann auch, wenn Sie es gestatten, an den Zeugen unmittelbar Fragen richten; den Anwälten steht dieses Recht sogar ohne weiteres zu (§ 397). Aber lassen Sie solche Fragen in der Regel erst zu, wenn Sie die Vernehmung abgeschlossen und zu Protokoll gebracht haben. Nachträgliche Fragen, keine Zwischenfragen! Sind Sie darin nicht energisch, so gleiten Ihnen die Zügel aus der Hand; Sie verlieren den Faden der Vernehmung, der Zeuge wird auch leicht verwirrt und die Vernehmung nimmt wieder doppelt so viel Zeit in Anspruch, als nötig wäre. Selbstverständlich gibt es Ausnahmen, bei denen eine Zwischenbemerkung des Anwalts die Sache fördert und falsche Protokollierung verhindert; aber das sind eben Ausnahmen.

Wenn die Parteien, nach Abschluß Ihrer Vernehmung, zu Fragen herankommen, so sorgen Sie auch hier wieder für Ordnung, d. h. lassen Sie die Parteien nicht wild durcheinander reden oder Zwiegespräche mit dem Zeugen führen, sondern geben Sie erst der einen Partei und dann der anderen Gelegenheit zu ganz präzisen Fragen, lassen Sie den Zeugen darauf antworten und protokollieren Sie auch hier wieder Satz für Satz, ehe Sie eine neue Frage zulassen.

c) **Halten Sie sich im allgemeinen streng an das im Beweisbeschluß formulierte Beweisthema.** Stellen Sie keine Frage und lassen Sie keine Frage stellen, die im Beweisthema nicht vorgesehen ist. Dulden Sie auch nicht, daß der Zeuge vom Beweisthema abschweift. Sie kommen sonst leicht ins Uferlose und üben eine Tätigkeit des Prozeßstoffsammelns aus, die nicht Ihnen als Richter, sondern den Anwälten bei der Ausarbeitung der Schriftsätze obliegt. Natürlich kann es manchmal zweifelhaft sein, ob eine Frage zum Beweisthema gehört, und dann empfiehlt es sich meist, lieber etwas weitherziger zu sein. Auch schreibt das Gesetz selbst vor, daß zur Aufklärung und zur Vervollständigung der Aussage sowie zur Erforschung des Grundes, auf dem die Wissenschaft des Zeugen ruht, nötigenfalls weitere Fragen zu stellen sind (§ 396 II). Auch kann es Fälle geben, wo ein Hinausgehen über das Beweisthema sehr wohl im Interesse der Sache liegt. Das Gesetz gibt Ihnen daher ausdrücklich das Recht, den Beweisbeschluß auf Antrag einer Partei oder auch von Amts wegen, auch ohne erneute mündliche Verhandlung, insoweit zu ändern, als der Gegner zustimmt oder es sich nur um die Berichtigung oder Ergänzung der im Beschluß angegebenen Beweistatsachen handelt (§ 360; s. o. 27). Z. B. es war beschlossen, den Zeugen darüber zu vernehmen, ob die gelieferte Ware Rostflecke gehabt hat; es stellt sich als zweckmäßig heraus, ihn auch darüber zu hören, ob die Ware auf andere Weise verunreinigt oder beschädigt werden war. Das wird man unbedenklich für eine „Berichtigung oder Ergänzung" des Beweisbeschlusses halten können. Sollte dagegen der Zeuge darüber vernommen werden, wie die Ware in den Eisenbahnwaggon verladen worden war, und würden Sie ihn nun auch darüber vernehmen, wie die Ware in der Fabrik verpackt worden war, so wird man darin in der Regel ein ganz neues Beweisthema erblicken, das über eine „Ergänzung" des Beweisbeschlusses hinausgeht. Eine solche Überschreitung der Beweisbeschlußgrenzen nehmen Sie, wenn überhaupt, zweckmäßigerweise möglichst nur mit Zustimmung beider Parteien vor, da sonst die Partei, die bei dieser Erweiterung der Vernehmung nicht zugegen ist, oder aus berechtigten Gründen widerspricht, leicht geschädigt werden kann.

d) Innerhalb der durch den Beweisbeschluß vorgeschriebenen Fragestellung soll die Vernehmung des Zeugen erschöpfend sein. Deshalb überzeugen Sie sich bei der Vernehmung, spätestens vor ihrer Beendigung, an der Hand Ihrer **Vorbereitungsnotizen** (s. o. 25) und der Akten, ob Sie keinen Punkt vergessen haben, der in das Beweisthema fällt und über den der Zeuge befragt werden könnte.

e) Der Zeuge soll im allgemeinen mündlich aussagen. Manchmal bringt ein Zeuge seine zu Hause schriftlich verfaßte Aussage zum Termin mit. Solche Schriftstücke sind mit Vorsicht entgegenzunehmen, zumal sie oft unter starker Mitwirkung einer Partei zustande gekommen sind. Ausnahmen sind aber denkbar; eine sorgfältig schriftlich vorbereitete Aussage eines vernünftigen, gewissenhaften Zeugen dient manchmal zur Vereinfachung der Vernehmung, und manche Richter bitten sogar in der Ladung den Zeugen, seine Aussage schriftlich mitzubringen. Das Schriftstück muß als Anlage zum Protokoll entgegengenommen werden. Es genügt aber nicht, daß Sie das Schriftstück dem Zeugen vorlesen, Sie müssen auch feststellen und protokollieren, daß der Zeuge den Inhalt des Schriftstücks mündlich wiedergibt. Sie wollen sich auch vergewissern, daß der Zeuge das Schriftstück selbst verfaßt hat; denn die Bezugnahme des Zeugen auf eine nach Diktat einer Partei niedergeschriebene Äußerung ist unzureichend.

f) Es kommt vor, daß ein 2. oder 3. Zeuge fast wörtlich dasselbe aussagt, wie der 1. Zeuge. Dann können Sie, wenn nicht besondere Bedenken bestehen, sich die Protokollierung oft vereinfachen, indem Sie dem Zeugen die Aussage des Vorzeugen vorlesen und etwa folgendes zu Protokoll nehmen: „Der Zeuge bekundete das gleiche, wie der Zeuge A. Dessen Aussage wurde ihm darauf vorgelesen. Er erklärte: diese

Aussage ist richtig, ich mache sie zu der meinigen.“ Enthält die Aussage des späteren Zeugen geringe Abweichungen von der des Vorzeugen, so können Sie hinzufügen: „jedoch mit folgender Einschränkung: Ich weiß heute nicht mehr genau, ob die fragliche Unterredung im Lokal Spandauer Straße oder anderswo stattgefunden hat“, oder dergleichen. In allen Fällen müssen Sie aber erst die Aussage des späteren Zeugen anhören, ehe Sie ihm die Aussage des Vorzeugen vorlesen.

g) Daß die Aussagen von Zeugen sich oft widersprechen, liegt (ganz abgesehen von bewußt falscher Aussage) in der Unzulänglichkeit menschlicher Wahrnehmung begründet. Eine Aufklärung des Widerspruchs wird oft nicht möglich sein. Ein Mittel, Aufklärung zu versuchen, ist die Gegenüberstellung der Zeugen. Das Gesetz läßt sie ausdrücklich zu (§ 394^{II}). Der Grundsatz, daß jeder Zeuge einzeln und in Abwesenheit der späteren Zeugen zu vernehmen ist, wird an sich dadurch nicht berührt. Sie tun also gut, die Aussagen, so wie sie abgegeben sind, einzeln und in Abwesenheit der späteren Zeugen zu protokollieren und dann erst die Gegenüberstellung vorzunehmen. Das Ergebnis dieser Gegenüberstellung lassen Sie dann besonders protokollieren. Z. B.: „Hierauf wurden die Zeugen Müller und Schulze einander gegenübergestellt. Müller erklärte: „Ich verbleibe trotz Vorhalts der Schulzeschen Aussage bei meiner Aussage“. Schulze erklärte: „Ich verbleibe trotz Vorhalts der Müllerschen Aussage bei meiner Aussage, jedoch mit der Maßgabe, daß die Unterredung möglicherweise nicht im Geschäftslokal, sondern in der Wohnung stattgefunden hat“, oder dergl. Die Beeidigung erfolgt selbstverständlich zweckmäßigerweise erst nach der Gegenüberstellung.

8. Ist die Vernehmung eines Zeugen abgeschlossen und protokolliert, so handelt es sich um die **Frage der Beeidigung.** Nach dem jetzt noch geltenden Gesetz, dessen Beseitigung angestrebt wird, ist jeder Zeuge, soweit das Gesetz nichts anderes bestimmt, zu beeiden (§ 391). Jedoch können die Parteien auf die Beeidigung verzichten, aber nicht eine Partei. Verzichten also nicht beide Parteien (also auch, wenn die eine Partei im Termin nicht vertreten ist), so ist die Beeidigung, wenn nicht sonst ein gesetzlicher Grund sie ausschließt vorzunehmen. Gewöhnlich haben die Parteien die Absicht, auf die Beeidigung nur für die betreffende Instanz zu verzichten, um sich das Recht vorzubehalten, in der folgenden Instanz die Beeidigung zu verlangen. Dann ist zu protokollieren: „Die Parteien verzichten für diese Instanz auf die Beeidigung des Zeugen“. Manche Richter präsumieren diesen Willen und proto-

kollieren stets in dieser Form, auch wenn die Parteien es nicht ausdrücklich sagen.

Von der Beeidigungspflicht gibt es **Ausnahmen**. So sind unbeeidigt zu vernehmen Personen, welche zur Zeit der Vernehmung das 16. Lebensjahr noch nicht vollendet oder wegen mangelnder Verstandesreife oder wegen Verstandesschwäche von dem Wesen und der Bedeutung des Eides keine genügende Vorstellung haben (§ 393 Abs. 1). Merkwürdigerweise hält das Reichsgericht Chinesen nicht für eidesfähig, weil sie vom Wesen und der Bedeutung des Eides keine genügende Vorstellung haben; ob diese Entscheidung heute noch maßgebend ist, kann zweifelhaft sein. Nicht zu beeidigen sind ferner Personen, welche nach den Bestimmungen der Strafgesetze unfähig sind, als Zeugen eidlich vernommen zu werden (weil sie wegen Meineids bestraft sind) (§ 393 Abs. 2), ferner die zeugnisverweigerungsberechtigten Verwandten und gewisse andere zeugnisverweigerungsberechtigte Personen, wenn sie von ihrem Recht keinen Gebrauch machen (§ 393 Nr. 3); schließlich Personen, die ein rechtliches Interesse daran haben, daß eine Partei obsiegt; z. B. jemand, der für den eingeklagten Anspruch als früherer Sozius, Bürge oder aus anderen Gründen mithaftet; im Prozeß gegen einen Spediteur der Fuhrmann, der für den Schaden regreßpflichtig ist; im Prozeß wegen Bezahlung von Baumwolle der Agent, der ev. seine Provision verliert und dergl. Endlich wird nicht beeidigt der Zedent eines im Prozeß geltend gemachten Anspruchs (§ 393 Nr. 4). Die Kammer kann die Beeidigung der im § 393 Nr. 3 und Nr. 4 bezeichneten Personen anordnen; deshalb müssen Sie auch diese Personen vor der Vernehmung auf die Bedeutung des Eides hinweisen.

Die Beeidigung erfolgt jetzt immer nach der Vernehmung (§ 392). Sie fragen den Zeugen vor der Beeidigung, ob er in religiöser oder in weltlicher Form schwören wolle. Dann empfiehlt es sich, dem Zeugen zu sagen, daß Sie ihm die Eidesformel vorsprächen und er nur die Schlußworte nachzusprechen habe, sobald Sie ihn dazu auffordern würden. Darauf bitten Sie den Zeugen aufzustehen und die rechte Hand zu erheben (das Handerheben hat korrekter Weise nicht erst bei den vom Zeugen nachgesprochenen Worten zu erfolgen, sondern schon wenn Sie ihm die Eingangsformel vorsprechen). Darauf sprechen Sie dem Zeugen die Worte vor:

„Sie schwören (bei Gott, dem Allmächtigen und Allwissenden), daß Sie nach bestem Wissen die reine Wahrheit gesagt und nichts verschwiegen haben."

Hierauf bitten Sie den Zeugen, Ihnen folgende Worte nachzusprechen:

„Ich schwöre (es, so wahr mir Gott helfe).“

Mit dem Nachsprechen dieser Worte durch den Zeugen ist die Eidesleistung beendet. Die eingeklammerten Worte lassen Sie bei der weltlichen Eidesleistung fort (§§ 481, 392, Reichsverfassung Art. 177. — Über die Beeidigung von Stummen s. § 483, von Mennoniten und dergl. § 484). Mehrere Zeugen können Sie einzeln oder gleichzeitig beeiden. Im letzteren Fall sprechen Sie den mehreren Zeugen die Eingangsformel („Sie schwören usw.“) vor, während jeder Zeuge die Eidesformel („Ich schwöre es, so wahr mir Gott helfe“) einzeln sprechen muß (§ 481^{III}, 392).

Wird ein Zeuge auf Beschluß der Kammer wiederholt vernommen, so braucht er nicht noch einmal zu schwören; er kann die Richtigkeit seiner Aussage unter Berufung auf den früher geleisteten Eid versichern (Diktat: „Der Zeuge versicherte die Richtigkeit seiner Aussage unter Berufung auf den am 20. 4. 1931 geleisteten Eid. Vorgelesen, genehmigt“). Sie wollen ihn darauf aufmerksam machen, daß diese Berufung dieselbe Wirkung hat, wie die Eidesleistung. Nach herrschender Ansicht soll aber die Berufung auf einen früheren Eid nur zulässig sein, wenn der Zeuge über dasselbe Beweisthema, nicht, wenn er über andere Tatsachen vernommen wird. Bestehen hierüber Zweifel, so empfiehlt es sich, den Zeugen noch einmal zu beeiden (§ 398).

9. Hat die Kammer durch Beweisbeschluß die Vernehmung von Zeugen angeordnet, so können Sie allein **von der Vernehmung eines erschienenen Zeugen nicht Abstand nehmen,** auch wenn Sie nachträglich diese Vernehmung für überflüssig halten. Nur mit Zustimmung beider Parteien wäre das zulässig. Außerdem kann jede Partei auf einen von ihr vorgeschlagenen Zeugen verzichten, jedoch kann der Gegner wiederum diesen Verzicht durchkreuzen, indem er auf Vernehmung besteht (§ 399).

Unabhängig von diesen Bestimmungen können Sie aber, wie oben (S. 26, 31) erwähnt, den Beweisbeschluß auch ohne erneute mündliche Verhandlung insoweit ändern, als der Gegner zustimmt, oder es sich nur um die Berichtigung oder Ergänzung der im Beschluß angegebenen Beweistatsachen, oder um die Vernehmung anderer als der im Beschluß angegebenen Zeugen oder Sachverständige handelt (§ 360).

10. Auf den **Sachverständigenbeweis** finden die Bestimmungen über Zeugenbeweis analoge Anwendung (§ 402). Gewöhnlich wählt die Kammer den Sachverständigen aus (§ 404); sie kann Sie aber zugleich

mit der Beweisaufnahme auch mit der Auswahl des Sachverständigen beauftragen (§ 405). Sie tun oft gut daran, solchen Auftrag abzuwenden, weil Sie nämlich, wenn Sie den Sachverständigen ernannt haben, auch die heikle Aufgabe haben, über eine etwaige Ablehnung des Sachverständigen zu entscheiden (§ 406^{IV}).

Den Sachverständigen können Sie vor oder nach Erstattung des Gutachtens beeidigen (§ 410). Ist der Sachverständige für die Erstattung von Gutachten der betreffenden Art im allgemeinen beeidigt, so genügt die Berufung auf den geleisteten Eid (Diktat: „Der Sachverständige versicherte die Richtigkeit des von ihm erstatteten Gutachtens unter Berufung auf den ein für allemal geleisteten Eid"). Andernfalls beeidigen Sie in der Weise, daß Sie vorsprechen:

„Sie schwören (bei Gott, dem Allmächtigen und Allwissenden), daß Sie das von Ihnen erforderte Gutachten unparteiisch und nach bestem Wissen und Gewissen erstatten werden (erstattet haben)",

worauf der Sachverständige wie ein Zeuge nachspricht:

„Ich schwöre (es, so wahr mir Gott helfe)".

11. Von dem Zeugeneid verschieden ist der **Parteieid.** Es ist nicht so, daß das Gericht die eidliche Vernehmung einer Partei anordnen kann, so wie die Vernehmung eines Zeugen (anders in ausländischen Prozeßordnungen und auch in dem im August 1931 veröffentlichten Entwurf). Vielmehr muß die Anregung zur Beeidigung einer Partei von der Gegenpartei ausgehen, und zwar in Form der **Eideszuschiebung.** Verlangt der Kläger z. B. vom Beklagten die Rückzahlung eines Darlehns, kann er aber die Hingabe des Darlehns weder durch eine Quittung noch durch andere Urkunden noch durch Zeugen beweisen, so bleibt ihm nichts übrig, als dem Beklagten über den Darlehnsempfang den Eid zuzuschieben. Nicht über alle Tatsachen kann man dem Gegner den Eid zuschieben, sondern nur über solche Tatsachen, die in Handlungen des Gegners, seiner Rechtsvorgänger oder Vertreter bestehen, oder Gegenstand der Wahrnehmung dieser Personen gewesen sind (§ 445). Der Gegner kann nun den zugeschobenen Eid in der Regel entweder annehmen oder zurückschieben (§§ 448, 452); der Gegner kann aber auch zunächst einen Gegenbeweis antreten, z. B. sich auf einen Zeugen berufen (der Darlehnsbeklagte kann also z. B., bevor er sich auf den Eid erklärt, einen Zeugen dafür benennen, daß er das Geld nicht darlehns-, sondern schenkungsweise erhalten habe; § 454). Der Eid wird in der sogenannten Wahrheits- oder in der sogenannten Überzeugungsform geleistet (Näheres § 459). Nur ausnahmsweise kennt das Gesetz einen

Parteieid, der nicht auf Eideszuschiebung, sondern direkt auf Gerichtsbeschluß zurückzuführen ist: den sogenannten richterlichen Eid. Ist das Ergebnis der Verhandlungen und einer etwaigen Beweisaufnahme nicht ausreichend, um die Überzeugung des Gerichts von der Wahrheit oder Unwahrheit der zu erweisenden Tatsache zu begründen, so kann das Gericht der einen oder der anderen Partei über eine streitige Tatsache einen Eid auferlegen (§ 475). Z. B. der Kläger hat mehrere Briefe des Beklagten vorgelegt, die darauf schließen lassen, daß Beklagter tatsächlich vom Kläger ein Darlehn empfangen habe; einen absolut zwingenden Beweis erbringen die Briefe jedoch nicht; dann kann das Gericht entweder vom Kläger verlangen, daß er die Hingabe des Darlehns beschwöre, oder vom Beklagten, daß er das Gegenteil beschwöre. Maßgebend für das Gericht ist die Frage, welche Partei vermöge ihrer persönlichen Eigenschaften vorzugsweise eine Gewähr bietet, daß durch die Eidesleistung die Wahrheit ermittelt werde. Dabei ist auch darauf Rücksicht zu nehmen, welche Partei sich durch vollständige und genaue Angabe des Sachverhalts des größeren Zutrauens würdig gezeigt hat. Sind beide Parteien gleich vertrauenswürdig, so wird das Gericht auf andere Umstände Gewicht legen, namentlich darauf, welche Partei bisher das größere Beweisquantum für ihre Behauptungen erbracht hat. In solchem Fall dient also der richterliche Eid dazu, einen halben oder dreiviertel Beweis zu ergänzen.

4. Brief.

Wie verhalten Sie sich bei der Beratung?

Nach Beendigung einer mündlichen Verhandlung soll das Gericht seine Beschlüsse fassen. Eine Beratung und Beschlußfassung vor Schluß der mündlichen Verhandlung ist unzulässig. Eine Vorberatung kommt zwar in der Praxis manchmal vor, namentlich bei schwierigen Sachen, hat aber dann nur den Charakter einer vorläufigen Verständigung über den Gang des Verfahrens und muß selbstverständlich nach der Verhandlung und auf Grund ihrer Ergebnisse neu vorgenommen werden. Das Gesetz setzt als selbstverständlich voraus, daß Sie zur Amtsverschwiegenheit über Beratung und Abstimmung verpflichtet sind (dagegen gibt es Länder, wo eine öffentliche Abstimmung der Richter erfolgt).

Das Ergebnis der gerichtlichen Beschlußfassung kann sehr verschieden sein. Das Gericht kann z. B. beschließen, die Verhandlung auf einen anderen Termin zu vertagen; z. B. wenn die gesetzliche Einlassungsfrist zwischen Klagezustellung und Termin, oder die gesetzliche Ladungsfrist zwischen Zustellung einer Ladung und Termin nicht gewahrt ist, oder wenn die Sache weiterer Aufklärung und Vorbereitung bedarf, oder aus sonstigen Gründen. Oder das Gericht kann einen Beweisbeschluß erlassen (s. o. 24), oder auch ein Urteil. Bei jeder „Entscheidung" (Verfügungen, Beschlüsse, Urteile; § 160 Nr. 4) dürfen Richter nur in der gesetzlich bestimmten Anzahl mitwirken, also in der Kammer für Handelssachen nur der Vorsitzende, Sie und Ihr Kollege (G. § 194). Bei der Beratung und Abstimmung dürfen außerdem noch die bei demselben Gericht zur juristischen Ausbildung beschäftigten Personen (Referendare, Assessoren) zugegen sein, soweit der Vorsitzende es gestattet (G. § 195).

Der Abstimmung dürfen Sie sich nicht etwa deshalb entziehen, weil Sie bei der Abstimmung über eine vorherige Frage in der Minderheit geblieben waren (G. § 195). Andererseits sind Sie an das Mehrheitsvotum über eine Vorfrage bei der folgenden Abstimmung nicht gebunden. Die Beratung leitet der Vorsitzende; er stellt auch die Fragen. Meinungsverschiedenheiten über den Gegenstand, die Fassung und die Reihenfolge der Fragen oder über das Ergebnis der Abstimmung entscheidet die Kammer (G. § 196). Jede Abstimmung erfolgt nach absoluter Stimmenmehrheit. Bilden sich in Beziehung auf eine Summe (z. B. zuzusprechender Schadensersatz) mehr als 2 Meinungen (z. B. der eine ist für 2000 RM., der zweite für 3000 RM., der dritte für 4000 RM.), so wird der für die größte Summe abgegebenen Stimme die für die zunächst geringere abgegebene zugerechnet (so daß RM. 3000,— die Mehrheit hat; G. § 198). Die Reihenfolge der Abstimmung richtet sich nach dem Lebensalter; zuerst der jüngere Handelsrichter, dann der ältere Handelsrichter, dann der Vorsitzende (G. § 199). Daß Sie und Ihr Kollege das gleiche Stimmrecht haben, wie der Vorsitzende, ist bereits früher hervorgehoben (G. § 109).

In der Regel vollzieht sich die Beratung recht formlos; manchmal (namentlich bei einfachen Vertagungen oder Beweisbeschlüssen) sogar vor den Augen der Parteien, gewissermaßen in einer Art Vereinbarung mit den Parteien.

Naturgemäß werden Sie bei der Beratung über sogenannte reine Rechtsfragen in der Regel der Ansicht des Vorsitzenden folgen, schon weil Sie meist nicht in der Lage sind, sie zu widerlegen. Aber eine Verpflichtung dazu besteht nicht. Es kann sich sehr wohl ereignen, daß eine Rechtsfrage ausführlich und sachlich von den Anwälten vorgetragen wird und Sie auf Grund dieser Vorträge sich für eine Auffassung entscheiden, die von der des Vorsitzenden abweicht. Manchmal wird auch der Vorsitzende Ihnen selbst vortragen, daß über eine Rechtsfrage verschiedene Ansichten bestehen, und Ihnen überlassen, sich für die eine oder die andere zu entscheiden.

Umgekehrt wird sich der Vorsitzende bei kaufmännischen Fragen in der Regel mehr auf Ihr Urteil und das Ihres Kollegen, als auf sein eigenes, verlassen; so z. B. bei der Frage, wie ein sorgfältiger Kaufmann sich in einem bestimmten Fall zu verhalten hat; ob das Verhalten eines Kaufmanns als Verletzung seiner Soziuspflichten anzusehen ist; wie ein bestimmtes Gut handelsüblich verpackt wird; welche Funktionen einem Handlungsgehilfen in einer bestimmten Branche obliegen, und dergleichen mehr. Wichtig ist Ihre Ansicht auch bei der Auslegung von Verträgen, Geschäftsbriefen, Konnossementen, Schuldscheinen und sonstigen Urkunden, namentlich, wenn sie von Kaufleuten, ohne Zuziehung von Juristen, verfaßt sind. Denn jede Willenserklärung ist nicht nach den Buchstaben auszulegen, sondern der wirkliche Wille des Erklärenden ist zu erforschen, und ein Vertrag ist so auszulegen und zu erfüllen, wie Treu und Glauben, mit Rücksicht auf die Verkehrssitte, es erfordern (BGB. §§ 133, 157, 242). Das, was Sie auf Grund Ihrer allgemeinen und besonderen kaufmännischen Erfahrung aus einem Schriftstück herauslesen, sollte deshalb für den Vorsitzenden von besonderem Interesse sein.

Darüber, daß die Kammer für Handelssachen auf Grund eigener Sachkunde und Wissenschaft über Gegenstände entscheiden kann, zu deren Beurteilung eine kaufmännische Begutachtung gehört, sowie über das Bestehen von Handelsgebräuchen (G. § 118) ist schon früher gesprochen worden (s. o. 19).

Besonders wichtig ist überhaupt Ihre beratende Tätigkeit bei der **Feststellung der** für die Entscheidung erheblichen **Tatsachen.** Die Tätigkeit des Prozeßanwalts wie des Richters besteht bekanntlich in zweierlei:

a) in der klaren Erfassung des rein tatsächlichen Sachverhalts,
b) in der Anwendung der Rechtsnormen auf diesen Sachverhalt.

Die Tatsachenerforschung ist (das haben vor allem die angelsächsischen Juristen erkannt) mindestens ebenso wichtig, wenn nicht wichtiger, als die Anwendung der Rechtsnormen, denn nur ein richtig festgestellter Sachverhalt läßt sich richtig beurteilen, und die beste Rechtskenntnis nützt dem Juristen nichts, wenn er den Sachverhalt nicht voll erfaßt hat. Auch der Gesetzgeber legt hierauf das größte Gewicht; deshalb sieht er vor, daß das Gericht das persönliche Erscheinen einer

Partei „zur Aufklärung des Sachverhalts" anordnen kann (§ 141), und durch Ausübung des Fragerechts darauf hinwirkt, daß unklare Anträge erläutert, ungenügende Angaben der geltend gemachten Tatsachen ergänzt, überhaupt alle für die Feststellung des Sachverhalts erheblichen Erklärungen abgegeben werden (§ 139; s. o. S. 20).

Wichtig ist deshalb vor allem auch **Ihre Mitwirkung bei Würdigung der Beweisaufnahme.** Bei der Unzulänglichkeit menschlicher Erkenntnis und Beobachtung sind Zeugenaussagen, aber auch Gutachten von Sachverständigen, Urkunden und überhaupt alle von den Parteien produzierten Beweismittel oft nicht erschöpfend, nicht klar, nicht genau. Früher (in manchen ausländischen Rechten teilweise noch heute) hat man deshalb sogenannte gesetzliche Beweisregeln aufgestellt; z. B. den Richter gezwungen, eine Tatsache nur dann als erwiesen anzusehen, wenn sie durch mindestens 2 Zeugen oder durch eine einwandfreie Urkunde bewiesen sei. Solche gesetzlichen Beweisregeln kennt unser geltendes Recht (manche sagen: leider) kaum noch. Einen Fall bildet der Satz, daß eine Tatsache keines Beweises bedarf, wenn sie vom Gegner ausdrücklich zugestanden (§ 288) oder auch nur nicht bestritten wird (§ 138). Ein weiterer Fall einer gesetzlichen Beweisregel ist der Parteieid; hat eine Partei (nicht ein Zeuge) einen ihr auferlegten Eid geleistet, so wird damit der volle Beweis der beschworenen Tatsache begründet; ein Gegenbeweis ist praktisch so gut wie ausgeschlossen (§§ 463, 475, 477). Sonst aber — abgesehen von diesen wenigen gesetzlichen Beweisregeln — hat das Gericht regelmäßig unter Berücksichtigung des gesamten Inhalts der Verhandlungen und des Ergebnisses einer etwaigen Beweisaufnahme nach freier Überzeugung zu entscheiden, ob eine tatsächliche Behauptung als wahr oder nicht wahr zu erachten sei. Die Gründe, die für die richterliche Überzeugung leitend gewesen sind, sind im Urteil anzuführen (§ 286). Bei dieser Tatsachenfeststellung ist natürlich Ihre „freie Überzeugung" von ausschlaggebender Bedeutung. Sie können z. B. einem nicht beeidigten Zeugen mehr glauben, als zwei beeidigten Zeugen; Sie können einem Sachverständigen folgen, aber Sie brauchen es nicht; Sie dürfen selbst eine einseitige Parteibehauptung, für die gar kein Beweis angetreten ist, für richtig halten und eine andere Parteibehauptung, die durch Zeugen bestätigt wird, für unrichtig. Nur darf Ihre Überzeugung keine reine Willkür sein; Sie müssen in der Lage sein, Ihre Überzeugung zu begründen, und diese Gründe müssen, wenn sie von der Kammer gebilligt werden, in das Urteil aufgenommen werden.

Ein besonders schwieriges Gebiet von Tatsachenerforschung bildet die **Feststellung eines Schadens** (z. B. bei Nichtlieferung einer Ware, Lieferung mangelhafter Ware, Verlust einer Ware auf dem Transport, Bruch eines Sozietäts- oder anderen Vertrages, Verletzung der Sorgfaltspflicht durch einen Agenten, Makler, Frachtführer, Spediteur usw.). Häufig ist es schon schwierig festzustellen, ob überhaupt ein Schaden entstanden ist; noch häufiger besteht der Streit darüber, wie hoch der Schaden zu beziffern ist. Deshalb soll hier das Gericht „unter Würdigung aller Umstände nach freier Überzeugung" entscheiden (§ 287). Diese sehr weise Bestimmung (die sich in anderen Ländern auch ohne Gesetz ganz von selbst versteht) steht im ständigen Kampf mit der angeborenen Ängstlichkeit oder Pedanterie vieler deutscher Berufsrichter. Hier erwächst Ihnen als Handelsrichter eine besonders dankbare Aufgabe.

Gelangt das Gericht bei der Beratung zu der Ansicht, der Prozeß sei zur Entscheidung reif, so ist **Endurteil** zu erlassen (§ 300). Ist von mehreren in einer Klage geltend gemachten Ansprüchen nur der eine, oder ist nur ein Teil eines Anspruchs oder bei erhobener Widerklage nur die Klage oder die Widerklage zur Entscheidung reif, so hat das Gericht dieselbe regelmäßig durch Endurteil (Teilurteil) zu erlassen (§ 301). Die Grundlage für das Urteil sind die Anträge der Parteien. Was eine Partei nicht beantragt hat, darf ihr auch nicht zugesprochen werden (§ 308). Nur über die Kostenpflicht entscheidet das Gericht selbständig.

Nur diejenigen Richter können das Urteil fällen, die der dem Urteil zugrunde liegenden (d. h. der letzten) Verhandlung beigewohnt haben (§ 309). Ist einer der **Richter verhindert**, an der Urteilsfällung teilzunehmen, so muß die Verhandlung wiederholt werden; jedoch bleiben frühere Beschlüsse, z. B. Beweisbeschlüsse, bestehen, solange das anders besetzte Gericht sie nicht abändert. Auch ist das anders besetzte Gericht an etwaige Zwischenurteile oder Teilurteile des früheren Gerichts gebunden (§ 318).

Die Richter, die bei der dem Urteil zugrunde liegenden Verhandlung mitgewirkt haben, haben auch das Urteil zu unterschreiben (§ 315). Verkündet dagegen kann es von anderen Richtern werden. Die Verkündung des Urteils oder sonstiger Beschlüsse erfolgt entweder in dem Termin, in dem die mündliche Verhandlung geschlossen wird, oder in einem sofort anzuberaumenden sog. Verkündungs- oder Publikationstermin, der in der Regel nicht über eine Woche hinaus angesetzt werden soll (§§ 310, 329). Erst durch die Verkündung gewinnt das Urteil nach außen hin, namentlich für die Parteien, rechtliche Existenz; die Richter dürfen es dann nicht mehr abändern, auch wenn sie sich nachträglich von seiner Unrichtigkeit überzeugt haben. Die schriftliche Abfassung des Urteils ist nicht Ihre Sache, sondern die des Vorsitzenden. Es genügt für Sie, zu wissen, daß das schriftliche Urteil aus zwei Hauptteilen besteht, dem „Tatbestand" (gedrängte Darstellung des Sach- und Streitstandes auf Grundlage der mündlichen Vorträge der Parteien unter Hervorhebung der gestellten Anträge) und der „Entscheidungsgründe" (§ 313). Da der Tatbestand hinsichtlich des mündlichen Parteivorbringens Beweis liefert (einen Beweis, der nur durch das Protokoll entkräftet werden kann; § 414), ist größte Aufmerksamkeit beim Anhören der Parteivorträge, soweit sie tatsächlichen Inhalt haben, geboten.

5. Brief.

Wie verhalten Sie sich beim Sühneversuch?

Nach dem Gesetz kann das Gericht in jeder Lage des Rechtsstreits die gütliche Beilegung desselben oder einzelner Streitpunkte versuchen. Das Gericht kann auch die Parteien zum Zwecke des Sühneversuchs vor einen beauftragten oder ersuchten Richter verweisen. Zum Zwecke des Sühneversuchs kann das Gericht auch das persönliche Erscheinen der Parteien anordnen (§ 296).

Sie können selbstverständlich von der Kammer mit der Vornahme des Sühneversuchs beauftragt werden. Sie können aber auch ohne solchen Auftrag, sowohl in der mündlichen Verhandlung als anläßlich einer vor Ihnen stattfindenden Beweisaufnahme, von sich aus einen Vergleich anregen.

Die Vermittlung eines Vergleichs, der beide Parteien wenigstens einigermaßen befriedigt, ist oft schwieriger, als die Fällung einer gerechten Entscheidung. Man begegnet Richtern, die als Vergleichsmittler äußerst geschickt, andere aber, die ziemlich hilflos sind. Der Vergleichsmittler muß sich zunächst in die Mentalität der Streitenden hineinversetzen. Gerade der Deutsche ist (im Gegensatz zum Angelsachsen z. B.) Kompromissen von Natur aus abgeneigt; er ist Eigenbrödler, versteht es wenig, sich in Meinungen anderer hineinzuversetzen, hält aber dafür um so zäher an seiner Auffassung fest und glaubt sich etwas zu vergeben und bitteres Unrecht zu erleiden, wenn er von ihr abgeht. Solche Naturen sind besonders vorsichtig zu behandeln. Vor allem gilt es, den psychologisch richtigen Zeitpunkt für Vergleichsverhandlungen zu erfassen. Viele Richter scheitern daran, daß sie mit dem Sühneversuch zu früh anfangen. Die Parteien, die sich oft wochen- oder monatelang mit ihrem Fall beschäftigt, sich dadurch immer mehr in ihr vermeintliches Recht verbissen, oft erhebliche Kosten und Mühen auf den Prozeß verwendet haben, verstehen es oft nicht, warum der große Apparat, den sie in Bewegung gesetzt haben, sich nun mit einem Male weigert, seine Schuldigkeit zu tun und ihnen ihr Recht zu geben. Vor allem wollen die Parteien, daß der Richter sie zunächst einmal ausgiebig anhört; sie wollen ihm alles sagen, was sie auf dem Herzen haben, was sich in ihrem Innern angesammelt hat, was nach Entladung drängt. Erhalten sie hierzu Gelegenheit, so liegt darin schon eine starke Entspannung für sie, ähnlich wie bei dem Patienten, der sich oft schon erleichtert fühlt, wenn er sich mit dem Arzt richtig aussprechen kann. Seien sie also eine Art Psychoanalytiker, lassen Sie jede der Parteien ausgiebig zu Wort kommen.

Häufig ist aber auch dann noch nicht der richtige Vergleichszeitpunkt gekommen. Viele Fälle liegen so, daß die Parteien, oder wenigstens eine von ihnen, den größten Wert auf die Beweisaufnahme, vor allem auf die Vernehmung ihrer eigenen Zeugen legen. Jede Partei hofft, ihre Zeugen werden die Sache völlig zu ihren Gunsten klären; die Partei versteht es nicht, warum man sie vorher schon zu einem Vergleich pressen will. Auch für Sie als Richter ist es oft schwer, einen Vermittlungsvorschlag zu machen, bevor Sie das Ergebnis der Beweisaufnahme kennen. Dieses Abwarten wird sich deshalb häufig praktisch empfehlen.

Nachdem nun die Parteien, und oft auch ihre Beweismittel, genügend gesprochen haben, ist die Reihe des Sprechens bei Ihnen. Dazu ist wieder erforderlich, daß Sie den Prozeßstoff vollkommen beherrschen. Sie müssen genau wissen, was in den Akten steht, was jede Partei verlangt, ob sie ihr Verlangen Ihrer Meinung nach genügend begründet hat, wie sich die beiderseitigen Ansprüche rechnerisch darstellen, wie man beiden Parteien praktisch helfen kann, usw.

Sind alle diese Voraussetzungen für einen Sühneversuch gegeben, so werden gerade Sie als Kaufmann oft weit besser mit den Parteien reden können, als der gelehrte Richter. Sie sprechen mit ihnen nicht nur als unparteiischer Richter, sondern auch als vernünftiger Kaufmann, auf dessen Rat man gern hört. Sie werden jeder Partei darlegen, warum ihre Aussichten auf Sieg oder wenigstens auf vollen Sieg zweifelhaft sind. Manchmal wird es sich empfehlen, dies jeder Partei einzeln, in Abwesenheit der anderen, darzulegen. Sie werden versuchen, das gekränkte Rechtsgefühl wieder aufzurichten, indem Sie sich bemühen, keinem ganz unrecht zu tun. Sie werden dann die praktischen Vorteile eines Vergleichs im allgemeinen und der gemachten Vorschläge im besonderen hervorheben und auf diese Weise die Atmosphäre schaffen, die zum Erfolge führt.

Oft, wenn die Parteien schon über alles einig sind, droht der Vergleich noch an der **Kostenfrage** zu scheitern. Die Kosten sind oft im Verhältnis zum Objekt recht hoch. Jeder Anwalt erhält eine Prozeßgebühr; ist verhandelt worden, erhält er noch eine Verhandlungsgebühr; ist Beweis erhoben worden, eine weitere halbe Gebühr; ist nach der Beweisaufnahme verhandelt worden, noch eine halbe Gebühr; und schließlich für die Mitwirkung beim Vergleich eine weitere volle Gebühr als Vergleichsgebühr. Das macht also auf jeder Seite manchmal vier Gebühren, wozu dann noch die Gerichtskosten treten. Die Höhe der Gebühren werden Ihnen die anwesenden Anwälte oder der Protokollführer sagen können; für alle Fälle tun Sie gut, sich eine Gerichts- und Anwaltskostentabelle zu verschaffen und zu allen Terminen mitzunehmen.

Vereinbaren die Parteien über die Kosten nichts, so gelten die Kosten nach dem Gesetz als **„gegeneinander aufgehoben"** (§ 98), d. h. jede Partei trägt ihre Anwalts- und sonstigen außergerichtlichen Kosten selbst und die Gerichtskosten je zur Hälfte. Häufig wird es sich empfehlen, die Parteien auf diese gesetzliche Bestimmung zu verweisen, die bei keiner Partei das Gefühl hinterläßt, als ob sie als der allein unterliegende Teil aus dem Prozeß hervorgehe. In anderen Fällen wird eine Kostenverteilung danach berechnet werden können, was der Kläger erreicht hat im Verhältnis zu dem, was er ursprünglich verlangt hat. Allgemeine Regeln lassen sich hier nicht aufstellen, es kommt auf die Umstände des Falls an.

Ist ein sofortiger Vergleichsabschluß nicht zu erzielen, so können Sie sich oft so helfen, daß Sie entweder den Parteien zu *Protokoll einen Vorschlag machen*, auf den die Parteien sich dann innerhalb einer bestimmten Frist erklären sollen, oder daß Sie die Parteien veranlassen, den *Vergleich mit Vorbehalt des Widerrufs* abzuschließen, wobei meist vereinbart wird, daß die eine oder die andere Partei, oder beide, den Vergleich innerhalb bestimmter Frist durch einfache Anzeige zu den Gerichtsakten widerrufen können.

Jeder (bedingte oder unbedingte) Vergleich, auch wenn er den

Klageanspruch nur teilweise erledigt, ist durch **Aufnahme in das Protokoll** festzustellen (§ 60 Nr. 1). Die prozeßbevollmächtigten Anwälte brauchen dem Gericht gegenüber zum Vergleichsabschluß keine Vollmacht; die Prozeßvollmacht ermächtigt sie dazu, soweit sie nicht ausnahmsweise eine dahingehende Beschränkung enthält (§§ 81, 83).

Da vor dem beauftragten Richter kein Anwaltszwang besteht (§ 78 II), so können die Parteien vor Ihnen, als beauftragtem Richter, den Vergleich auch ohne Anwälte abschließen. Jedoch tun Sie in Ihrem eigenen Interesse gut, Anwälte zuzuziehen, da die richtige Protokollierung eines Vergleichs oft juristische Schwierigkeiten enthält, die Sie allein nicht übersehen können, und die häufig den Keim neuer Prozesse in sich tragen.

Ein Vergleich, der nach Erhebung der Klage zwischen den Parteien, oder zwischen einer Partei und einem Dritten, zur Beilegung des Rechtsstreits seinem ganzen Umfange nach, oder in betreff eines Teiles des Streitgegenstandes, vor einem deutschen Gericht abgeschlossen ist, ist ein **vollstreckbarer Titel**, genau wie ein Urteil (§ 794 Nr. 1). Als dritter beim Vergleich Mitwirkender kommt z. B. ein Bürge in Betracht oder jemand, der der einen oder anderen Partei regreßpflichtig ist, oder dergl. Die Parteien brauchen den Vergleich nicht zu unterschreiben; es genügt die Aufnahme in das Protokoll, welches, wie jedes Protokoll, den Beteiligten vorgelesen oder zur Durchsicht vorgelegt werden muß. Im Protokoll ist ferner zu bemerken, daß dies geschehen und daß die Genehmigung erfolgt ist (in der Regel: „Vorgelesen, genehmigt"; § 162). Sie (als beauftragter Richter, sonst der Vorsitzende) und der Protokollführer haben das Protokoll zu unterschreiben (§ 163).

Eine Unterzeichnung des Protokolls durch die Parteien oder deren Bevollmächtigte ist nach der herrschenden Ansicht auch dann nicht nötig, wenn der Vergleich mehr als den Streitgegenstand regelt; also z. B. Ansprüche, die nicht miteingeklagt worden waren, sofern deren Einbeziehung in den Vergleich dem Zweck dient, den Rechtsstreit beizulegen. Einige Gerichte lassen vorsichtshalber in solchem Fall den Vergleich von den Vergleichschließenden unterschreiben, namentlich wenn ein Dritter, der nicht Prozeßpartei ist, beim Vergleich mitwirkt.

---

1. Anhang

Auszug aus der Zivilprozeßordnung

Erstes Buch

Allgemeine Bestimmungen

Erster Abschnitt

Gerichte

Erster Titel

Sachliche Zuständigkeit der Gerichte

§ 1

Die sachliche Zuständigkeit der Gerichte wird durch das Gesetz über die Gerichtsverfassung bestimmt.

§ 2

Insoweit nach dem Gesetze über die Gerichtsverfassung die Zuständigkeit der Gerichte von dem **Werte des Streitgegenstandes** abhängt, kommen die nachfolgenden Vorschriften zur Anwendung.

§ 3

Der Wert des Streitgegenstandes wird von dem Gerichte **nach freiem Ermessen** festgesetzt; dasselbe kann eine beantragte Beweisaufnahme sowie von Amts wegen die Einnahme des Augenscheins und die Begutachtung durch Sachverständige anordnen.

§ 4

Für die Wertsberechnung ist der **Zeitpunkt der Erhebung der Klage,** in der Berufungs- und Revisionsinstanz der Zeitpunkt der Einlegung des Rechtsmittels, entscheidend; Früchte, Nutzungen, Zinsen und Kosten bleiben unberücksichtigt, wenn sie als Nebenforderungen geltend gemacht werden.

Bei Ansprüchen aus Wechseln im Sinne der Wechselordnung sind Zinsen, Kosten und Provision, welche außer der Wechselsumme gefordert werden, als Nebenforderungen anzusehen.

§ 5

Mehrere in einer Klage geltend gemachte Ansprüche werden zusammengerechnet; eine Zusammenrechnung des Gegenstandes der Klage und der Widerklage findet nicht statt.

§ 6

Der Wert des Streitgegenstandes wird bestimmt: durch den **Wert einer Sache,** wenn deren Besitz, und durch den Betrag einer Forderung, wenn deren Sicherstellung oder ein Pfandrecht Gegenstand des Streits ist. Hat der Gegenstand des Pfandrechts einen geringeren Wert, so ist dieser maßgebend.

§ 8

Ist das Bestehen oder die Dauer eines Pacht- oder **Miet**verhältnisses streitig, so ist der Betrag des auf die gesamte streitige Zeit fallenden Zinses und, wenn der fünfundzwanzigfache Betrag des einjährigen Zinses geringer ist, dieser Betrag für die Wertsberechnung entscheidend.

§ 9

Der Wert des **Rechts auf wiederkehrende Nutzungen oder Leistungen** wird nach dem Werte des einjährigen Bezugs berechnet, und zwar:

auf den zwölfundeinhalbfachen Betrag, wenn der künftige Wegfall des Bezugsrechts gewiß, die Zeit des Wegfalls aber ungewiß ist;

auf den fünfundzwanzigfachen Betrag, bei unbeschränkter oder bestimmter Dauer des Bezugsrechts. Bei bestimmter Dauer des Bezugsrechts ist der Gesamtbetrag der künftigen Bezüge maßgebend, wenn er der geringere ist.

§ 10

Das Urteil eines Landgerichts kann nicht aus dem Grunde angefochten werden, weil die **Zuständigkeit des Amtsgerichts** begründet gewesen sei.

§ 11

Ist die Unzuständigkeit eines Gerichts auf Grund der Bestimmungen über die sachliche Zuständigkeit der Gerichte rechtskräftig ausgesprochen, so ist diese Entscheidung für das Gericht bindend, bei welchem die Sache später anhängig wird.

Zweiter Titel

Gerichtsstand

§ 12

Das Gericht, bei welchem eine Person ihren **allgemeinen Gerichtsstand** hat, ist für alle gegen dieselbe zu erhebenden Klagen zuständig, sofern nicht für eine Klage ein ausschließlicher Gerichtsstand begründet ist.

§ 13

Der allgemeine Gerichtsstand einer Person wird durch den **Wohnsitz** bestimmt.

§ 14

Ist der für den Wohnsitz einer Militärperson maßgebende Garnisonort in mehrere Gerichtsbezirke geteilt, so wird der als Wohnsitz geltende Bezirk von der Landesjustizverwaltung durch allgemeine Anordnung bestimmt.

§ 15

Deutsche, welche das Recht der Exterritorialität genießen, sowie die im Ausland angestellten Beamten des Reichs oder eines deutschen Landes behalten in Ansehung des Gerichtsstandes den Wohnsitz, welchen sie in dem Heimatstaate hatten. In Ermangelung eines solchen Wohnsitzes gilt die Hauptstadt des Heimatstaats als ihr Wohnsitz; ist die Hauptstadt in mehrere Gerichtsbezirke geteilt, so wird der als Wohnsitz geltende Bezirk von der Landesjustizverwaltung durch allgemeine Anordnung bestimmt. Gehört ein Deutscher einem deutschen Lande nicht an, so gilt als sein Wohnsitz die Stadt Berlin; ist die Stadt Berlin in mehrere Gerichtsbezirke geteilt, so wird der als Wohnsitz geltende Bezirk von dem Reichsminister der Justiz durch allgemeine Anordnung bestimmt.

Auf Wahlkonsuln finden diese Bestimmungen keine Anwendung.

§ 16

Der allgemeine Gerichtsstand einer Person, welche **keinen Wohnsitz** hat, wird durch den Aufenthaltsort im Deutschen Reiche und, wenn ein solcher nicht bekannt ist, durch den letzten Wohnsitz bestimmt.

§ 17

Der allgemeine Gerichtsstand der Gemeinden, der Korporationen sowie derjenigen **Gesellschaften,** Genossenschaften oder anderen Vereine und derjenigen Stiftungen, Anstalten und Vermögensmassen, welche als solche verklagt werden können, wird durch den **Sitz** derselben bestimmt. Als Sitz gilt, wenn nicht ein anderes erhellt, der Ort, wo die Verwaltung geführt wird.

Gewerkschaften haben den allgemeinen Gerichtsstand bei dem Gerichte, in dessen Bezirke das Bergwerk liegt, Behörden, wenn sie als solche verklagt werden können, bei dem Gerichte ihres Amtssitzes.

Neben dem durch die Vorschriften dieses Paragraphen bestimmten Gerichtsstand ist ein durch Statut oder in anderer Weise besonders geregelter Gerichtsstand zulässig.

§ 18

Der allgemeine Gerichtsstand des **Fiskus** wird durch den Sitz der Behörde bestimmt, welche berufen ist, den Fiskus in dem Rechtsstreit zu vertreten.

§ 19

Ist der Ort, an welchem eine Behörde ihren Sitz hat, in mehrere Gerichtsbezirke geteilt, so wird der Bezirk, welcher im Sinne der §§ 17, 18 als Sitz der Behörde gilt, für die Reichsbehörden von dem Reichsminister der Justiz, im übrigen von der Landesjustizverwaltung durch allgemeine Anordnung bestimmt.

§ 20

Wenn Personen an einem Orte unter Verhältnissen, welche ihrer Natur nach auf einen Aufenthalt von längerer Dauer hinweisen, insbesondere als Dienstboten, Hand- und Fabrikarbeiter, Gewerbegehilfen, Studierende, Schüler oder Lehrlinge sich aufhalten, so ist das Gericht des Aufenthaltsorts für alle Klagen zuständig, welche gegen diese Personen wegen vermögensrechtlicher Ansprüche erhoben werden.

Diese Bestimmung findet auf Militärpersonen, welche selbständig einen Wohnsitz nicht begründen können, in der Art Anwendung, daß an die Stelle des Gerichts des Aufenthaltsorts das Gericht des Garnisonorts tritt. Die Vorschrift des § 14 findet entsprechende Anwendung.

§ 21

Hat jemand zum Betriebe einer Fabrik, einer Handlung oder eines anderen Gewerbes eine **Niederlassung**, von welcher aus unmittelbar Geschäfte geschlossen werden, so können gegen ihn alle Klagen, welche auf den Geschäftsbetrieb der Niederlassung Bezug haben, bei dem Gerichte des Ortes erhoben werden, wo die Niederlassung sich befindet.

Der Gerichtsstand der Niederlassung ist auch für Klagen gegen Personen begründet, welche ein mit Wohn- und Wirtschaftsgebäuden versehenes Gut als Eigentümer, Nutznießer oder Pächter bewirtschaften, soweit diese Klagen die auf die Bewirtschaftung des Gutes sich beziehenden Rechtsverhältnisse betreffen.

§ 22

Das Gericht, bei welchem Gemeinden, Korporationen, **Gesellschaften**, Genossenschaften oder andere Vereine den allgemeinen Gerichtsstand haben, ist für die Klagen zuständig, welche von denselben gegen ihre Mitglieder als solche oder von den Mitgliedern in dieser Eigenschaft gegen einander erhoben werden.

§ 23

Für Klagen wegen vermögensrechtlicher Ansprüche gegen eine Person, welche im Deutschen Reiche **keinen Wohnsitz** hat, ist das Gericht zuständig, in dessen Bezirk sich Vermögen derselben oder der mit der Klage in Anspruch genommene Gegenstand befindet. Bei Forderungen gilt als der Ort, wo das Vermögen sich befindet, der Wohnsitz des Schuldners und, wenn für die Forderung eine Sache zur Sicherheit haftet, auch der Ort, wo die Sache sich befindet.

§ 24

Für Klagen, durch welche das Eigentum, eine dingliche Belastung oder die Freiheit von einer solchen geltend gemacht wird, für Grenzscheidungs-, Teilungs- und Besitzklagen ist, sofern es sich um unbewegliche Sachen handelt, das Gericht ausschließlich zuständig, in dessen Bezirk die Sache belegen ist.

Bei den eine Grunddienstbarkeit, eine Reallast oder ein Vorkaufsrecht betreffenden Klagen ist die Lage des dienenden oder belasteten Grundstücks entscheidend.

§ 25

In dem dinglichen Gerichtsstande kann mit der Klage aus einer Hypothek, Grundschuld oder Rentenschuld die Schuldklage, mit der Klage auf Umschreibung oder Löschung einer Hypothek, Grundschuld oder Rentenschuld die Klage auf Befreiung von der persönlichen Verbindlichkeit, mit der Klage auf Anerkennung einer Reallast die Klage auf rückständige Leistungen erhoben werden, wenn die verbundenen Klagen gegen denselben Beklagten gerichtet sind.

§ 26

In dem dinglichen Gerichtsstande können persönliche Klagen, welche gegen den Eigentümer oder Besitzer einer unbeweglichen Sache als solchen gerichtet werden, sowie Klagen wegen Beschädigung eines Grundstücks oder in betreff der Entschädigung wegen Enteignung eines Grundstücks erhoben werden.

§ 27

Klagen, welche die Feststellung des Erbrechts, Ansprüche des Erben gegen einen Erbschaftsbesitzer, Ansprüche aus Vermächtnissen oder sonstigen Verfügungen von Todes wegen, Pflichtteilsansprüche oder die Teilung der Erbschaft zum Gegenstande haben, können vor dem Gericht erhoben werden, bei welchem der Erblasser zur Zeit seines Todes den allgemeinen Gerichtsstand gehabt hat.

Ist der Erblasser ein Deutscher und hatte er zur Zeit seines Todes im Inlande keinen allgemeinen Gerichtsstand, so können die im Abs. 1 bezeichneten Klagen vor dem Gericht erhoben werden, in dessen Bezirke der Erblasser seinen letzten inländischen Wohnsitz hatte; in Ermangelung eines solchen Wohnsitzes finden die Vorschriften des § 15 Abs. 1 Satz 2, 3 entsprechende Anwendung.

§ 28

In dem Gerichtsstand der Erbschaft können auch Klagen wegen anderer Nachlaßverbindlichkeiten erhoben werden, solange sich der Nachlaß noch ganz oder teilweise im Bezirke des Gerichts befindet oder die vorhandenen mehreren Erben noch als Gesamtschuldner haften.

§ 29

Für Klagen auf Feststellung des Bestehens oder Nichtbestehens eines Vertrags, auf Erfüllung oder Aufhebung eines solchen, sowie auf Entschädigung wegen Nichterfüllung oder nicht gehöriger Erfüllung ist das Gericht des Ortes zuständig, wo die **streitige Verpflichtung** zu **erfüllen** ist.

§ 30

Für Klagen aus den auf Messen und Märkten, mit Ausnahme der Jahr- und der Wochenmärkte, geschlossenen Handelsgeschäften **(Meß- und Marktsachen)** ist das Gericht des Meß- oder Marktorts zuständig, wenn die Erhebung der Klage erfolgt, während der Beklagte oder ein zur Prozeßführung berechtigter Vertreter desselben am Orte oder im Bezirke des Gerichts sich aufhält.

§ 31

Für Klagen, welche aus einer **Vermögensverwaltung** von dem Geschäftsherrn gegen den Verwalter oder von dem Verwalter gegen den Geschäftsherrn erhoben werden, ist das Gericht des Ortes zuständig, wo die Verwaltung geführt ist.

§ 32

Für Klagen aus **unerlaubten Handlungen** ist das Gericht zuständig, in dessen Bezirke die Handlung begangen ist.

§ 33

Bei dem Gerichte der Klage kann eine **Widerklage** erhoben werden, wenn der Gegenanspruch mit dem in der Klage geltend gemachten Anspruche oder mit den gegen denselben vorgebrachten Verteidigungsmitteln in Zusammenhang steht.

Diese Bestimmung findet keine Anwendung, wenn die Zuständigkeit des Gerichts für eine Klage wegen des Gegenanspruchs auch durch Vereinbarung nicht würde begründet werden können.

§ 34

Für Klagen der Prozeßbevollmächtigten, der Beistände, der Zustellungsbevollmächtigten und der Gerichtsvollzieher wegen Gebühren und Auslagen ist das Gericht des Hauptprozesses zuständig.

§ 35

Unter mehreren zuständigen Gerichten hat der Kläger die Wahl.

§ 36

Die Bestimmung des zuständigen Gerichts erfolgt durch das im Instanzenzuge zunächst höhere Gericht:

1. wenn das an sich zuständige Gericht in einem einzelnen Falle an der Ausübung des Richteramts rechtlich oder tatsächlich verhindert ist;
2. wenn es mit Rücksicht auf die Grenzen verschiedener Gerichtsbezirke ungewiß ist, welches Gericht für den Rechtsstreit zuständig sei;
3. wenn mehrere Personen, welche bei verschiedenen Gerichten ihren allgemeinen Gerichtsstand haben, als Streitgenossen im allgemeinen Gerichtsstande verklagt werden sollen und für den Rechtsstreit ein gemeinschaftlicher besonderer Gerichtsstand nicht begründet ist;
4. wenn die Klage in dem dinglichen Gerichtsstande erhoben werden soll und die Sache in den Bezirken verschiedener Gerichte belegen ist;
5. wenn in einem Rechtsstreite verschiedene Gerichte sich rechtskräftig für zuständig erklärt haben;
6. wenn verschiedene Gerichte, von welchen eines für den Rechtsstreit zuständig ist, sich rechtskräftig für unzuständig erklärt haben.

§ 37

Die Entscheidung über das Gesuch um Bestimmung des zuständigen Gerichts kann ohne vorgängige mündliche Verhandlung erfolgen.

Eine Anfechtung des Beschlusses, welcher das zuständige Gericht bestimmt, findet nicht statt.

Dritter Titel

Vereinbarung über die Zuständigkeit der Gerichte

§ 38

Ein an sich unzuständiges Gericht erster Instanz wird durch ausdrückliche oder stillschweigende Vereinbarung der Parteien zuständig.

§ 39

Stillschweigende Vereinbarung ist anzunehmen, wenn der Beklagte, ohne die Unzuständigkeit geltend zu machen, zur Hauptsache mündlich verhandelt hat.

§ 40

Die Vereinbarung hat keine rechtliche Wirkung, wenn sie nicht auf ein bestimmtes Rechtsverhältnis und die aus demselben entspringenden Rechtsstreitigkeiten sich bezieht.

Die Vereinbarung ist unzulässig, wenn der Rechtsstreit andere als vermögensrechtliche Ansprüche betrifft, oder wenn für die Klage ein ausschließlicher Gerichtsstand begründet ist.

Vierter Titel

Ausschließung und Ablehnung der Gerichtspersonen

§ 41

Ein Richter ist von der Ausübung des Richteramts **kraft Gesetzes ausgeschlossen:**

1. in Sachen, in welchen er selbst Partei ist, oder in Ansehung welcher er zu einer Partei in dem Verhältnisse eines Mitberechtigten, Mitverpflichteten oder Regreßpflichtigen steht;
2. in Sachen seines Ehegatten, auch wenn die Ehe nicht mehr besteht;
3. in Sachen einer Person, mit welcher er in gerader Linie verwandt, verschwägert oder durch Adoption verbunden, in der Seitenlinie bis zum dritten Grade verwandt oder bis zum zweiten Grade verschwägert ist, auch wenn die Ehe, durch welche die Schwägerschaft begründet ist, nicht mehr besteht;
4. in Sachen, in welchen er als Prozeßbevollmächtigter oder Beistand einer Partei bestellt oder als gesetzlicher Vertreter einer Partei aufzutreten berechtigt ist oder gewesen ist;
5. in Sachen, in welchen er als Zeuge oder Sachverständiger vernommen ist;
6. in Sachen, in welchen er in einer früheren Instanz oder im schiedsrichterlichen Verfahren bei der Erlassung der angefochtenen Entscheidung mitgewirkt hat, sofern es sich nicht um die Tätigkeit eines beauftragten oder ersuchten Richters handelt.

§ 42

Ein Richter kann sowohl in den Fällen, in welchen er von der Ausübung des Richteramts kraft Gesetzes ausgeschlossen ist, als auch **wegen Besorgnis der Befangenheit abgelehnt** werden.

Wegen Besorgnis der Befangenheit findet die Ablehnung statt, wenn ein Grund vorliegt, welcher geeignet ist, Mißtrauen gegen die Unparteilichkeit eines Richters zu rechtfertigen.

Das Ablehnungsrecht steht in jedem Falle beiden Parteien zu.

§ 43

Eine Partei kann einen Richter wegen Besorgnis der Befangenheit nicht mehr ablehnen, wenn sie bei demselben, ohne den ihr bekannten Ablehnungsgrund geltend zu machen, in eine Verhandlung sich eingelassen oder Anträge gestellt hat.

§ 44

Das **Ablehnungsgesuch** ist bei dem Gerichte, welchem der Richter angehört, anzubringen; es kann vor der Geschäftsstelle zu Protokoll erklärt werden.

Der Ablehnungsgrund ist glaubhaft zu machen; zur Versicherung an Eides Statt darf die Partei nicht zugelassen werden. Zur Glaubhaftmachung kann auf das Zeugnis des abgelehnten Richters Bezug genommen werden.

Der abgelehnte Richter hat sich über den Ablehnungsgrund dienstlich zu äußern.

Wird ein Richter, bei welchem die Partei in eine Verhandlung sich eingelassen oder Anträge gestellt hat, wegen Besorgnis der Befangenheit abgelehnt, so ist glaubhaft zu machen, daß der Ablehnungsgrund erst später entstanden oder der Partei bekannt geworden sei.

§ 45

Über das Ablehnungsgesuch **entscheidet** das Gericht, welchem der Abgelehnte angehört; wenn dasselbe durch Ausscheiden des abgelehnten Mitglieds beschlußunfähig wird, das im Instanzenzuge zunächst höhere Gericht.

Wird ein Amtsrichter abgelehnt, so entscheidet das Landgericht. Einer Entscheidung bedarf es nicht, wenn der Amtsrichter das Ablehnungsgesuch für begründet hält.

§ 46

Die Entscheidung über das Ablehnungsgesuch kann ohne vorgängige mündliche Verhandlung erfolgen.

Gegen den Beschluß, durch welchen das Gesuch für begründet erklärt wird, findet kein Rechtsmittel, gegen den Beschluß, durch welchen das Gesuch für unbegründet erklärt wird, findet sofortige Beschwerde statt.

§ 47

Ein abgelehnter Richter hat vor Erledigung des Ablehnungsgesuchs nur solche Handlungen vorzunehmen, welche keinen Aufschub gestatten.

§ 48

Das für die Erledigung eines Ablehnungsgesuchs zuständige Gericht hat auch dann zu entscheiden, wenn ein solches Gesuch nicht angebracht ist, ein Richter aber von einem Verhältnis Anzeige macht, welches seine Ablehnung rechtfertigen könnte, oder wenn aus anderer Veranlassung Zweifel darüber entstehen, ob ein Richter kraft Gesetzes ausgeschlossen sei. Die Entscheidung erfolgt ohne vorgängiges Gehör der Parteien.

Zweiter Abschnitt

Parteien

Erster Titel

Parteifähigkeit. Prozeßfähigkeit

§ 50

Parteifähig ist, wer **rechtsfähig** ist.

Ein **Verein**, der nicht rechtsfähig ist, kann verklagt werden; in dem Rechtsstreite hat der Verein die Stellung eines rechtsfähigen Vereins.

§ 51

Die **Fähigkeit** einer Partei, **vor Gericht zu stehen**, die Vertretung nicht prozeßfähiger Parteien durch andere Personen (gesetzliche Vertreter) und die Notwendigkeit einer besonderen Ermächtigung zur Prozeßführung bestimmt sich nach den Vorschriften des bürgerlichen Rechtes, soweit nicht die nachfolgenden Paragraphen abweichende Bestimmungen enthalten.

§ 52

Eine Person ist insoweit **prozeßfähig**, als sie sich durch Verträge verpflichten kann.

Die Prozeßfähigkeit einer Frau wird dadurch, daß sie Ehefrau ist, nicht beschränkt.

§ 53

Wird in einem Rechtsstreit eine prozeßfähige Person durch einen **Pfleger** vertreten, so steht sie für den Rechtsstreit einer nicht prozeßfähigen Person gleich.

§ 54

Einzelne Prozeßhandlungen, zu welchen nach den Vorschriften des bürgerlichen Rechts eine besondere Ermächtigung erforderlich ist, sind ohne dieselbe gültig, wenn die Ermächtigung zur Prozeßführung im allgemeinen erteilt oder die Prozeßführung auch ohne eine solche Ermächtigung im allgemeinen statthaft ist.

§ 55

Ein **Ausländer**, welchem nach dem Rechte seines Landes die Prozeßfähigkeit mangelt, gilt als prozeßfähig, wenn ihm nach dem Rechte des Prozeßgerichts die Prozeßfähigkeit zusteht.

§ 56

Das Gericht hat den Mangel der Parteifähigkeit, der Prozeßfähigkeit, der Legitimation eines gesetzlichen Vertreters und der erforderlichen Ermächtigung zur Prozeßführung **von Amts wegen zu berücksichtigen.**

Die Partei oder deren gesetzlicher Vertreter kann zur Prozeßführung mit Vorbehalt der Beseitigung des Mangels zugelassen werden, wenn mit dem Verzuge Gefahr für die Partei verbunden ist. Das Endurteil darf erst erlassen werden, nachdem die für die Beseitigung des Mangels zu bestimmende Frist abgelaufen ist.

§ 57

Soll eine **nicht prozeßfähige Partei verklagt** werden, welche ohne gesetzlichen Vertreter ist, so hat der Vorsitzende des Prozeßgerichts derselben, falls mit dem Verzuge Gefahr verbunden ist, auf Antrag bis zu dem Eintritt des gesetzlichen Vertreters einen besonderen Vertreter zu bestellen.

Der Vorsitzende kann einen solchen Vertreter auch bestellen, wenn in den Fällen des § 20 eine nicht prozeßfähige Person bei dem Gericht ihres Aufenthaltsorts oder Garnisonorts verklagt werden soll.

Zweiter Titel
Streitgenossenschaft

§ 59

Mehrere Personen können als Streitgenossen gemeinschaftlich klagen oder verklagt werden, wenn sie in Ansehung des Streitgegenstandes in Rechtsgemeinschaft stehen oder wenn sie aus demselben tatsächlichen und rechtlichem Grunde berechtigt oder verpflichtet sind.

§ 60

Mehrere Personen können auch dann als Streitgenossen gemeinschaftlich klagen oder verklagt werden, wenn gleichartige und auf einem im wesentlichen gleichartigen tatsächlichen und rechtlichen Grunde beruhende Ansprüche oder Verpflichtungen den Gegenstand des Rechtsstreits bilden.

§ 61

Streitgenossen stehen, soweit nicht aus den Vorschriften des bürgerlichen Rechts oder dieses Gesetzes sich ein anderes ergibt, dem Gegner dergestalt als einzelne gegenüber, daß die Handlungen des einen Streitgenossen dem anderen weder zum Vorteile noch zum Nachteile gereichen.

§ 62

Kann das streitige Rechtsverhältnis allen Streitgenossen gegenüber nur einheitlich festgestellt werden, oder ist die Streitgenossenschaft aus einem sonstigen Grunde eine **notwendige**, so werden, wenn ein Termin oder eine Frist nur von einzelnen Streitgenossen versäumt wird, die säumigen Streitgenossen als durch die nicht säumigen vertreten angesehen.

Die säumigen Streitgenossen sind auch in dem späteren Verfahren zuzuziehen.

§ 63

Das Recht zur Betreibung des Prozesses steht jedem Streitgenossen zu; er muß, wenn er den Gegner zu einem Termine ladet, auch die übrigen Streitgenossen laden.

Dritter Titel

Beteiligung Dritter am Rechtsstreite

§ 64

Wer die Sache oder das Recht, worüber zwischen anderen Personen ein Rechtsstreit anhängig geworden ist, ganz oder teilweise für sich in Anspruch nimmt, ist bis zur rechtskräftigen Entscheidung dieses Rechtsstreits berechtigt, seinen Anspruch durch **eine gegen beide Parteien gerichtete Klage** bei demjenigen Gerichte geltend zu machen, vor welchem der Rechtsstreit in erster Instanz anhängig wurde.

§ 65

Der Hauptprozeß kann auf Antrag einer Partei bis zur rechtskräftigen Entscheidung über die Hauptintervention **ausgesetzt** werden.

§ 66

Wer ein rechtliches Interesse daran hat, daß in einem zwischen anderen Personen anhängigen Rechtsstreite die eine Partei obsiege, kann **dieser Partei zum Zwecke ihrer Unterstützung beitreten.**

Die **Nebenintervention** kann in jeder Lage des Rechtsstreits bis zur rechtskräftigen Entscheidung desselben, auch in Verbindung mit der Einlegung eines Rechtsmittels erfolgen.

§ 67

Der Nebenintervenient muß den Rechtsstreit in der Lage annehmen, in welcher sich dieser zur Zeit seines Beitritts befindet; er ist berechtigt, Angriffs- und Verteidigungsmittel geltend zu machen und alle Prozeßhandlungen wirksam vorzunehmen, insoweit nicht seine Erklärungen und Handlungen mit Erklärungen und Handlungen der Hauptpartei in Widerspruch stehen.

§ 68

Der Nebenintervenient wird im Verhältnis zu der Hauptpartei mit der Behauptung nicht gehört, daß der Rechtsstreit, wie derselbe dem Richter vorgelegen habe, unrichtig entschieden sei; er wird mit der Behauptung, daß die Hauptpartei den Rechtsstreit mangelhaft geführt habe, nur insoweit gehört, als er durch die Lage des Rechtsstreits zur Zeit seines Beitritts oder durch Erklärungen und Handlungen der Hauptpartei verhindert worden ist, Angriffs- oder Verteidigungsmittel geltend zu machen, oder als Angriffs- oder Verteidigungsmittel, welche ihm unbekannt waren, von der Hauptpartei absichtlich oder durch grobes Verschulden nicht geltend gemacht sind.

§ 69

Insofern nach den Vorschriften des bürgerlichen Rechtes die Rechtskraft der in dem Hauptprozeß erlassenen Entscheidung auf das Rechtsverhältnis des Nebenintervenienten zu dem Gegner von Wirksamkeit ist, gilt der Nebenintervenient im Sinne des § 61 als Streitgenosse der Hauptpartei.

§ 70

Der Beitritt des Nebenintervenienten erfolgt durch Zustellung eines Schriftsatzes. Derselbe muß enthalten:

1. die Bezeichnung der Parteien und des Rechtsstreits;
2. die bestimmte Angabe des Interesses, welches der Nebenintervenient hat;
3. die Erklärung des Beitritts.

Außerdem finden die allgemeinen Bestimmungen über die vorbereitenden Schriftsätze Anwendung.

§ 71

Über den Antrag auf Zurückweisung einer Nebenintervention wird nach vorgängiger mündlicher Verhandlung unter den Parteien und dem Nebenintervenienten entschieden. Der Nebenintervenient ist zuzulassen, wenn er sein Interesse glaubhaft macht.

Gegen das Zwischenurteil findet sofortige Beschwerde statt.

Solange nicht die Unzulässigkeit der Intervention rechtskräftig ausgesprochen ist, wird der Intervenient im Hauptverfahren zugezogen.

§ 72

Eine Partei, welche für den Fall des ihr ungünstigen Ausganges des Rechtsstreits einen Anspruch auf Gewährleistung oder Schadloshaltung gegen einen Dritten erheben zu können glaubt oder den Anspruch eines Dritten besorgt, kann bis zur rechtskräftigen Entscheidung des Rechtsstreits dem Dritten gerichtlich **den Streit verkünden.**

Der Dritte ist zu einer weiteren Streitverkündung berechtigt.

§ 73

Die Streitverkündung erfolgt durch Zustellung eines Schriftsatzes, in welchem der Grund der Streitverkündung und die Lage des Rechtsstreits anzugeben ist.

Abschrift des Schriftsatzes ist dem Gegner mitzuteilen.

§ 74

Wenn der Dritte dem Streitverkünder **beitritt,** so bestimmt sich sein Verhältnis zu den Parteien nach den Grundsätzen über die Nebenintervention.

Lehnt der Dritte den Beitritt ab, oder erklärt er sich nicht, so wird der Rechtsstreit ohne Rücksicht auf ihn fortgesetzt.

In allen Fällen dieses Paragraphen kommen gegen den Dritten die Vorschriften des § 68 mit der Abweichung zur Anwendung, daß statt der Zeit des Beitritts diejenige Zeit entscheidet, zu welcher der Beitritt infolge der Streitverkündung möglich war.

§ 75

Wird von dem verklagten Schuldner **einem Dritten, welcher die geltend gemachte Forderung für sich in Anspruch nimmt,** der Streit verkündet, und tritt der Dritte in den Streit ein, so ist der Beklagte, wenn er den Betrag der Forderung zugunsten der streitenden Gläubiger unter Verzicht auf das Recht zur Rücknahme hinterlegt, auf seinen Antrag aus dem Rechtsstreit unter Verurteilung in die durch seinen unbegründeten Widerspruch veranlaßten Kosten zu entlassen und der Rechtsstreit über die Berechtigung an der Forderung zwischen den streitenden Gläubigern allein fortzusetzen. Dem Obsiegenden ist der hinterlegte Betrag zuzusprechen und der Unterliegende auch zur Erstattung der dem Beklagten entstandenen, nicht durch dessen unbegründeten Widerspruch veranlaßten Kosten, einschließlich der Kosten der Hinterlegung, zu verurteilen.

§ 76

Wer als Besitzer einer Sache verklagt ist, die er auf Grund eines Rechtsverhältnisses der im § 868 des Bürgerlichen Gesetzbuchs bezeichneten Art zu besitzen behauptet, kann, wenn er dem mittelbaren Besitzer vor der Verhandlung zur Hauptsache den Streit verkündet und ihn unter Benennung an den Kläger zur Erklärung ladet, bis zu dieser Erklärung oder bis zum Schlusse des Termins, in welchem sich der Benannte zu erklären hat, die Verhandlung zur Hauptsache verweigern.

Bestreitet der Benannte die Behauptung des Beklagten oder erklärt er sich nicht, so ist der Beklagte berechtigt, dem Klagantrage zu genügen.

Wird die Behauptung des Beklagten von dem Benannten als richtig anerkannt, so ist dieser berechtigt, mit Zustimmung des Beklagten an dessen Stelle den Prozeß zu übernehmen. Die Zustimmung des Klägers ist nur insoweit erforderlich, als derselbe Ansprüche geltend macht, welche unabhängig davon sind, daß der Beklagte auf Grund eines Rechtsverhältnisses der im Abs. 1 bezeichneten Art besitzt.

Hat der Benannte den Prozeß übernommen, so ist der Beklagte auf seinen Antrag von der Klage zu entbinden. Die Entscheidung ist in Ansehung der Sache selbst auch gegen den Beklagten wirksam und vollstreckbar.

Vierter Titel

Prozeßbevollmächtigte und Beistände

§ 78

Vor den Landgerichten und vor allen Gerichten höherer Instanz müssen die Parteien sich durch einen bei dem Prozeßgerichte zugelassenen Rechtsanwalt als Bevollmächtigten vertreten lassen **(Anwaltsprozeß).**

Diese Vorschrift findet auf das Verfahren vor einem beauftragten oder ersuchten Richter sowie auf Prozeßhandlungen, welche vor dem Urkundsbeamten der Geschäftsstelle vorgenommen werden können, keine Anwendung.

Ein bei dem Prozeßgerichte zugelassener Rechtsanwalt kann sich selbst vertreten.

§ 79

Insoweit eine Vertretung durch Anwälte nicht geboten ist, können die **Parteien** den Rechtsstreit **selbst** oder durch jede prozeßfähige Person als Bevollmächtigten führen.

§ 80

Der Bevollmächtigte hat die Bevollmächtigung durch eine schriftliche **Vollmacht** nachzuweisen und diese zu den Gerichtsakten abzugeben.

Das Gericht kann auf Antrag des Gegners die öffentliche Beglaubigung einer Privaturkunde anordnen. Wird der Antrag zurückgewiesen, so ist dagegen kein Rechtsmittel zulässig. Bei der Beglaubigung bedarf es weder der Zuziehung von Zeugen noch der Aufnahme eines Protokolls.

§ 81

Die Prozeßvollmacht ermächtigt zu allen den Rechtsstreit betreffenden Prozeßhandlungen, einschließlich derjenigen, welche durch eine Widerklage, eine Wiederaufnahme des Verfahrens und die Zwangsvollstreckung veranlaßt werden; zur Bestellung eines Vertreters sowie eines Bevollmächtigten für die höheren Instanzen; zur Beseitigung des Rechtsstreits durch Vergleich, Verzichtleistung auf den Streitgegenstand oder Anerkennung des von dem Gegner geltend gemachten Anspruchs; zur Empfangnahme der von dem Gegner zu erstattenden Kosten.

§ 82

Die Vollmacht für den Hauptprozeß umfaßt die Vollmacht für das eine Hauptintervention, einen Arrest oder eine einstweilige Verfügung betreffende Verfahren.

§ 83

Eine **Beschränkung** des gesetzlichen Umfanges der Vollmacht hat dem Gegner gegenüber nur insoweit rechtliche Wirkung, als diese Beschränkung die Beseitigung des Rechtsstreits durch Vergleich, Verzichtleistung auf den Streitgegenstand oder Anerkennung des von dem Gegner geltend gemachten Anspruchs betrifft.

Insoweit eine Vertretung durch Anwälte nicht geboten ist, kann eine Vollmacht für einzelne Prozeßhandlungen erteilt werden.

§ 84

Mehrere Bevollmächtigte sind berechtigt, sowohl gemeinschaftlich als einzeln die Partei zu vertreten. Eine abweichende Bestimmung der Vollmacht hat dem Gegner gegenüber keine rechtliche Wirkung.

§ 85

Die von dem Bevollmächtigten vorgenommenen Prozeßhandlungen sind für die Partei in gleicher Art **verpflichtend**, als wenn sie von der Partei selbst vorgenommen wären. Dies gilt von Geständnissen und anderen tatsächlichen Erklärungen, insoweit nicht dieselben von der miterschienenen Partei sofort widerrufen oder berichtigt werden.

§ 86

Die Vollmacht wird weder durch den Tod des Vollmachtgebers noch durch eine Veränderung in betreff seiner Prozeßfähigkeit oder seiner gesetzlichen Vertretung aufgehoben; der Bevollmächtigte hat jedoch, wenn er nach Aussetzung des Rechtsstreits für den Nachfolger im Rechtsstreit auftritt, eine Vollmacht desselben beizubringen.

§ 87

Dem Gegner gegenüber erlangt die Kündigung des Vollmachtvertrags erst durch die Anzeige des Erlöschens der Vollmacht, in Anwaltsprozessen erst durch die Anzeige der Bestellung eines anderen Anwalts rechtliche Wirksamkeit.

Der Bevollmächtigte wird durch die von seiner Seite erfolgte Kündigung nicht gehindert, für den Vollmachtgeber so lange zu handeln, bis dieser für Wahrnehmung seiner Rechte in anderer Weise gesorgt hat.

§ 88

Der **Mangel der Vollmacht** kann von dem Gegner in jeder Lage des Rechtsstreits gerügt werden.

Das Gericht hat den Mangel der Vollmacht von Amts wegen zu berücksichtigen, insoweit eine Vertretung durch Anwälte nicht geboten ist.

§ 89

Handelt jemand für eine Partei als Geschäftsführer ohne Auftrag oder als Bevollmächtigter ohne Beibringung einer Vollmacht, so kann er gegen oder ohne Sicherheitsleistung für Kosten und Schäden zur Prozeßführung **einstweilen zugelassen** werden. Das Endurteil darf erst erlassen werden, nachdem die für die Beibringung der Genehmigung zu bestimmende Frist abgelaufen ist. Ist zu der Zeit, zu welcher das Endurteil erlassen wird, die Genehmigung nicht beigebracht, so ist der einstweilen zur Prozeßführung Zugelassene zum Ersatze der dem Gegner infolge der Zulassung erwachsenen Kosten zu verurteilen; auch hat er dem Gegner die infolge der Zulassung entstandenen Schäden zu ersetzen.

Die Partei muß die Prozeßführung gegen sich gelten lassen, wenn sie auch nur mündlich Vollmacht erteilt oder wenn sie die Prozeßführung ausdrücklich oder stillschweigend genehmigt hat.

§ 90

Insoweit eine Vertretungg durch Anwälte nicht geboten ist, kann eine Partei mit jeder prozeßfähigen Person als **Beistand** erscheinen.

Das von dem Beistand Vorgetragene gilt als von der Partei vorgebracht, insoweit es nicht von dieser sofort widerrufen oder berichtigt wird.

Fünfter Titel

Prozeßkosten

§ 91

Die unterliegende Partei hat die Kosten des Rechtsstreits zu tragen, insbesondere die dem Gegner erwachsenen Kosten zu erstatten, soweit dieselben zur zweckentsprechenden Rechtsverfolgung oder Rechtsverteidigung notwendig waren. Die Kostenerstattung umfaßt auch die Entschädigung des Gegners für die durch notwendige Reisen oder durch die notwendige Wahrnehmung von Terminen entstandene Zeitversäumnis; die für die Entschädigung von Zeugen geltenden Vorschriften finden entsprechende Anwendung.

Die Gebühren und Auslagen des **Rechtsanwalts** der obsiegenden Partei sind in allen Prozessen zu erstatten, Reisekosten eines auswärtigen Rechtsanwalts jedoch nur insoweit, als die Zuziehung zur zweckentsprechenden Rechtsverfolgung oder Rechtsverteidigung notwendig war. Die Kosten mehrerer Rechtsanwälte sind nur insoweit zu erstatten, als sie die Kosten eines Rechtsanwalts nicht übersteigen, oder als in der Person des Rechtsanwalts ein Wechsel eintreten mußte.

Zu den Kosten des Rechtsstreits im Sinne der Abs. 1, 2 gehören auch die Kosten eines vorausgegangenen Güteverfahrens; dies gilt nicht, wenn zwischen der Beendigung des Güteverfahrens und der Klageerhebung mehr als ein Jahr verstrichen ist.

Abs. 3 findet entsprechende Anwendung auf die Gebühren, die durch ein Güteverfahren vor einer Gütestelle der im § 495a Abs. 1 Nr. 1 bezeichneten Art entstanden sind.

§ 92

Wenn jede Partei **teils obsiegt, teils unterliegt,** so sind die Kosten gegeneinander aufzuheben oder verhältnismäßig zu teilen. Sind die Kosten gegeneinander aufgehoben, so fallen die Gerichtskosten jeder Partei zur Hälfte zur Last.

Das Gericht kann der einen Partei die gesamten Prozeßkosten auferlegen, wenn die Zuvielforderung der anderen Partei eine verhältnismäßig geringfügige war und keine besonderen Kosten veranlaßt hat, oder wenn der Betrag der Forderung der anderen Partei von der Festsetzung durch richterliches Ermessen, von der Ausmittelung durch Sachverständige oder von einer gegenseitigen Berechnung abhängig war.

§ 93

Hat der Beklagte nicht durch sein Verhalten zur Erhebung der Klage Veranlassung gegeben, so fallen dem Kläger die Prozeßkosten zur Last, wenn der Beklagte den Anspruch **sofort anerkennt.**

§ 94

Macht der Kläger einen auf ihn **übergegangenen Anspruch** geltend, ohne daß er vor der Erhebung der Klage dem Beklagten den Übergang mitgeteilt und auf Verlangen nachgewiesen hat, so fallen ihm die Prozeßkosten insoweit zur Last, als sie dadurch entstanden sind, daß der Beklagte durch die Unterlassung der Mitteilung oder des Nachweises veranlaßt worden ist, den Anspruch zu bestreiten.

§ 95

Die Partei, welche einen Termin oder eine Frist **versäumt,** oder die Verlegung eines Termins, die Vertagung einer Verhandlung, die Anberaumung eines Termins zur Fortsetzung der Verhandlung oder die Verlängerung einer Frist durch ihr Verschulden veranlaßt, hat die dadurch verursachten Kosten zu tragen.

§ 96

Die Kosten eines ohne Erfolg gebliebenen Angriffs- oder Verteidigungsmittels können der Partei auferlegt werden, welche dasselbe geltend gemacht hat, auch wenn sie in der Hauptsache obsiegt.

§ 97

Die Kosten eines ohne Erfolg eingelegten **Rechtsmittels** fallen der Partei zur Last, welche dasselbe eingelegt hat.

Die Kosten der Berufungsinstanz sind der obsiegenden Partei ganz oder teilweise aufzuerlegen, wenn sie auf Grund eines neuen Vorbringens obsiegt, welches sie nach freiem Ermessen des Gerichts in erster Instanz geltend zu machen imstande war oder mit dem sie in erster Instanz nach §§ 279, 279 a, 283 Abs. 2 zurückgewiesen worden ist.

Die Kosten der Revisionsinstanz in Rechtsstreitigkeiten über Ansprüche, für welche die Landgerichte ohne Rücksicht auf den Wert des Streitgegenstandes ausschließlich zuständig sind, hat auch im Falle des Obsiegens die Reichs- oder die Staatskasse zu tragen, wenn der Wert des Streitgegenstandes die Summe von fünfhundert Reichsmark nicht übersteigt und der Vertreter des Reichs oder des Staates die Revision eingelegt hat.

§ 98

Die Kosten eines abgeschlossenen **Vergleichs** sind als gegeneinander aufgehoben anzusehen, wenn nicht die Parteien ein anderes vereinbart haben. Dasselbe gilt von den Kosten des durch Vergleich erledigten Rechtsstreits, soweit nicht über dieselben bereits rechtskräftig erkannt ist.

Dritter Abschnitt

Verfahren

Erster Titel

Mündliche Verhandlung

§ 128

Die Verhandlung der Parteien über den Rechtsstreit vor dem erkennenden Gerichte ist eine **mündliche.**

§ 129

In Anwaltsprozessen wird die mündliche Verhandlung **durch Schriftsätze vorbereitet;** die Nichtbeachtung dieser Vorschrift hat Rechtsnachteile in der Sache selbst nicht zur Folge.

In anderen Prozessen können vorbereitende Schriftsätze gewechselt werden.

§ 130

Die vorbereitenden Schriftsätze sollen enthalten:

1. die Bezeichnung der Parteien und ihrer gesetzlichen Vertreter nach Namen, Stand oder Gewerbe, Wohnort und Parteistellung; die Bezeichnung des Gerichts und des Streitgegenstandes; die Zahl der Anlagen;
2. die Anträge, welche die Partei in der Gerichtssitzung zu stellen beabsichtigt;
3. die Angabe der zur Begründung der Anträge dienenden tatsächlichen Verhältnisse;
4. die Erklärung über die tatsächlichen Behauptungen des Gegners;
5. die Bezeichnung der Beweismittel, welcher sich die Partei zum Nachweis oder zur Widerlegung tatsächlicher Behauptungen bedienen will, sowie die Erklärung über die von dem Gegner bezeichneten Beweismittel;
6. in Anwaltsprozessen die Unterschrift des Anwalts, in anderen Prozessen die Unterschrift der Partei selbst oder desjenigen, welcher für dieselbe als Bevollmächtigter oder als Geschäftsführer ohne Auftrag handelt.

§ 131

Dem vorbereitenden Schriftsatze sind die in den Händen der Partei befindlichen **Urkunden,** auf welche in dem Schriftsatze Bezug genommen wird, in Urschrift oder in Abschrift beizufügen.

Kommen nur einzelne Teile einer Urkunde in Betracht, so genügt die Beifügung eines Auszugs, welcher den Eingang, die zur Sache gehörende Stelle, den Schluß, das Datum und die Unterschrift enthält.

Sind die Urkunden dem Gegner bereits bekannt oder von bedeutendem Umfang, so genügt die genaue Bezeichnung derselben mit dem Erbieten, Einsicht zu gewähren.

§ 132

Der vorbereitende Schriftsatz, welcher neue Tatsachen oder ein anderes neues Vorbringen enthält, ist mindestens eine Woche, wenn er einen Zwischenstreit betrifft, mindestens drei Tage vor der mündlichen Verhandlung **zuzustellen.**

Der vorbereitende Schriftsatz, welcher eine Gegenerklärung auf neues Vorbringen enthält, ist mindestens drei Tage vor der mündlichen Verhandlung zuzustellen. Die Zustellung einer schriftlichen Gegenerklärung ist nicht erforderlich, wenn es sich um einen Zwischenstreit handelt.

§ 133

Die Parteien haben eine für das Prozeßgericht bestimmte Abschrift ihrer vorbereitenden Schriftsätze und der Anlagen auf der Geschäftsstelle **niederzulegen.**

Diese Niederlegung erfolgt zugleich mit der Überreichung der Urschrift, wenn eine Terminsbestimmung oder wenn die Zustellung unter Vermittelung der Geschäftsstelle erwirkt werden soll, andernfalls sofort nach erfolgter Zustellung des Schriftsatzes.

§ 134

Die Partei ist, wenn sie rechtzeitig aufgefordert wird, verpflichtet, die in ihren Händen befindlichen **Urkunden,** auf welche sie in einem vorbereitenden Schriftsatze Bezug genommen hat, vor der mündlichen Verhandlung auf der Geschäftsstelle niederzulegen und den Gegner von der Niederlegung zu benachrichtigen.

Der Gegner hat zur Einsicht der Urkunden eine Frist von drei Tagen. Die Frist kann auf Antrag von dem Vorsitzenden verlängert oder abgekürzt werden.

§ 135

Den Rechtsanwälten steht es frei, die Mitteilung von Urkunden von Hand zu Hand gegen Empfangsbescheinigung zu bewirken.

Gibt ein Rechtsanwalt die ihm eingehändigte Urkunde nicht binnen der bestimmten Frist zurück, so ist er auf Antrag nach vorgängiger mündlicher Verhandlung zur unverzüglichen Zurückgabe zu verurteilen.

Gegen das Zwischenurteil findet sofortige Beschwerde statt.

§ 136

Der Vorsitzende eröffnet und leitet die mündliche Verhandlung.

Er erteilt das Wort und kann es demjenigen, welcher seinen Anordnungen nicht Folge leistet, entziehen.

Er hat Sorge zu tragen, daß die Sache erschöpfende Erörterung finde und die Verhandlung ohne Unterbrechung zu Ende geführt werde; erforderlichenfalls hat er die Sitzung zur Fortsetzung der Verhandlung sofort zu bestimmen.

Er schließt die Verhandlung, wenn nach Ansicht des Gerichts die Sache vollständig erörtert ist, und verkündet die Urteile und Beschlüsse des Gerichts.

§ 137

Die mündliche Verhandlung wird dadurch eingeleitet, daß die Parteien ihre **Anträge** stellen.

Die Vorträge der Parteien sind **in freier Rede** zu halten; sie haben das Streitverhältnis in tatsächlicher und rechtlicher Beziehung zu umfassen.

Eine Bezugnahme auf Schriftstücke ist zulässig, soweit keine der Parteien widerspricht und das Gericht sie für angemessen hält. Die Vorlesung von Schriftstücken findet nur insoweit statt, als es auf den wörtlichen Inhalt derselben ankommt.

In Anwaltsprozessen ist neben dem Anwalt auch der Partei selbst auf Antrag das Wort zu gestatten.

§ 138

Jede Partei hat sich über die von dem Gegner behaupteten Tatsachen zu erklären.

Tatsachen, welche nicht ausdrücklich bestritten werden, sind als zugestanden anzusehen, wenn nicht die Absicht, sie bestreiten zu wollen, aus den übrigen Erklärungen der Partei hervorgeht.

Eine Erklärung mit Nichtwissen ist nur über Tatsachen zulässig, welche weder eigene Handlungen der Partei noch Gegenstand ihrer eigenen Wahrnehmung gewesen sind.

§ 139

Der Vorsitzende hat dahin zu wirken, daß die Parteien über alle erheblichen Tatsachen sich vollständig erklären und die sachdienlichen Anträge stellen, insbesondere auch ungenügende Angaben der geltend gemachten Tatsachen ergänzen und die Beweismittel bezeichnen. Er hat zu diesem Zwecke, soweit erforderlich, das Sach- und Streitverhältnis mit den Parteien nach der tatsächlichen und der rechtlichen Seite zu erörtern und Fragen zu stellen.

Der Vorsitzende hat auf die Bedenken aufmerksam zu machen, welche in Ansehung der von Amts wegen zu berücksichtigenden Punkte obwalten.

Er hat jedem Mitglied des Gerichts auf Verlangen zu gestatten, **Fragen** zu stellen.

§ 140

Wird eine auf die Sachleitung bezügliche Anordnung des Vorsitzenden oder eine von dem Vorsitzenden oder einem Gerichtsmitgliede gestellte Frage von einer bei der Verhandlung beteiligten Person als unzulässig beanstandet, so entscheidet das Gericht.

§ 141

Das Gericht kann das **persönliche Erscheinen** einer Partei zur Aufklärung des Sachverhalts anordnen; von der Anordnung soll abgesehen werden, wenn der Partei wegen weiter Entfernung ihres Aufenthaltsorts vom Gerichtssitz oder aus sonstigen wichtigen Gründen die persönliche Wahrnehmung des Termins nicht zugemutet werden kann.

Wird das Erscheinen angeordnet, so ist die Partei von Amts wegen zu laden. Die Ladung ist der Partei selbst zuzustellen, auch wenn sie einen Prozeßbevollmächtigten bestellt hat.

Bleibt die Partei im Termin aus, so können gegen sie die gleichen **Strafen** wie gegen einen im Vernehmungstermine nicht erschienenen Zeugen, jedoch mit Ausnahme der Haftstrafe, verhängt werden. Dies gilt nicht, wenn die Partei zur Verhandlung einen Vertreter entsendet, der zur Aufklärung des Tatbestandes in der Lage und zur Abgabe der gebotenen Erklärungen, insbesondere zu einem Vergleichsabschlusse, ermächtigt ist. Die Partei ist auf die Folgen ihres Ausbleibens in der Ladung hinzuweisen.

§ 142

Das Gericht kann anordnen, daß eine Partei die in ihren Händen befindlichen **Urkunden,** auf welche sie sich bezogen hat, sowie Stammbäume, Pläne, Risse und sonstige Zeichnungen, vorlege.

Das Gericht kann anordnen, daß die vorgelegten Schriftstücke während einer von ihm zu bestimmenden Zeit auf der Geschäftsstelle verbleiben.

Das Gericht kann anordnen, daß von den **in fremder Sprache** abgefaßten Urkunden eine durch einen beeidigten Dolmetscher angefertigte Übersetzung beigebracht werde.

§ 143

Das Gericht kann anordnen, daß die Parteien die in ihrem Besitze befindlichen **Akten vorlegen,** soweit dieselben aus Schriftstücken bestehen, welche die Verhandlung und Entscheidung der Sache betreffen.

§ 144

Das Gericht kann die Einnahme des **Augenscheins** sowie die Begutachtung durch **Sachverständige** anordnen.

Das Verfahren richtet sich nach den Vorschriften, welche eine auf Antrag angeordnete Einnahme des Augenscheins oder Begutachtung durch Sachverständige zum Gegenstande haben.

§ 145

Das Gericht kann anordnen, daß mehrere in einer Klage erhobene Ansprüche **in getrennten Prozessen** verhandelt werden.

Dasselbe gilt, wenn der Beklagte eine Widerklage erhoben hat und der Gegenanspruch mit dem in der Klage geltend gemachten Anspruch nicht in rechtlichem Zusammenhange steht.

Macht der Beklagte die **Aufrechnung** einer Gegenforderung geltend, welche mit der in der Klage geltend gemachten Forderung nicht in rechtlichem Zusammenhange steht, so kann das Gericht anordnen, daß über die Klage und über die Aufrechnung getrennt verhandelt werde; die Vorschriften des § 302 finden Anwendung.

§ 146

Das Gericht kann anordnen, daß bei mehreren auf denselben Anspruch sich beziehenden selbständigen Angriffs- oder Verteidigungsmitteln (Klagegründen, Einreden, Repliken usw.) die Verhandlung zunächst auf eines oder einige dieser Angriffs- oder Verteidigungsmittel zu **beschränken** sei.

§ 147

Das Gericht kann die **Verbindung** mehrerer bei ihm anhängiger Prozesse derselben oder verschiedener Parteien zum Zwecke der gleichzeitigen Verhandlung und Entscheidung anordnen, wenn die Ansprüche, welche den Gegenstand dieser Prozesse bilden, in rechtlichem Zusammenhange stehen oder in einer Klage hätten geltend gemacht werden können.

§ 148

Das Gericht kann, wenn die Entscheidung des Rechtsstreits ganz oder zum Teil von dem Bestehen oder Nichtbestehen eines Rechtsverhältnisses abhängt, welches den Gegenstand eines anderen anhängigen Rechtsstreits bildet oder von einer Verwaltungsbehörde festzustellen ist, anordnen, daß die Verhandlung bis zur Erledigung des anderen Rechtsstreits oder bis zur Entscheidung der Verwaltungsbehörde **auszusetzen** sei.

§ 149

Das Gericht kann, wenn sich im Laufe eines Rechtsstreits der **Verdacht einer strafbaren Handlung** ergibt, deren Ermittelung auf die Entscheidung von Einfluß ist, die Aussetzung der Verhandlung bis zur Erledigung des Strafverfahrens anordnen.

§ 150

Das Gericht kann die von ihm erlassenen, eine Trennung, Verbindung oder Aussetzung betreffenden Anordnungen wieder aufheben.

§ 156

Das Gericht kann die **Wiedereröffnung** einer Verhandlung, welche geschlossen war, anordnen.

§ 157

Das Gericht kann Bevollmächtigte und Beistände, welche das mündliche Verhandeln vor Gericht geschäftsmäßig betreiben, zurückweisen.

Das Gericht kann Parteien, Bevollmächtigten und Beiständen, denen die Fähigkeit zum geeigneten Vortrag mangelt, den weiteren **Vortrag untersagen.** Einer Partei, welche einen ihr abgetretenen Anspruch geltend macht, kann der Vortrag auch untersagt werden, wenn die Partei das mündliche Verhandeln vor Gericht geschäftsmäßig betreibt und ihr nach der Überzeugung des Gerichts der Anspruch abgetreten ist, um eine Zurückweisung auf Grund der Vorschrift des Abs. 1 zu vermeiden.

Eine Anfechtung dieser Anordnungen findet nicht statt.

Die Vorschriften der Abs. 1, 2 finden auf Rechtsanwälte, die Vorschrift des Abs. 1 auf Personen, denen das mündliche Verhandeln vor Gericht durch eine seitens der Justizverwaltung getroffene Anordnung gestattet ist, keine Anwendung. Die Justizverwaltung soll für Gerichte, bei denen zur Vertretung der Parteien durch Rechtsanwälte ausreichende Gelegenheit geboten ist, eine solche Anordnung nicht treffen.

§ 159

Über die mündliche Verhandlung vor dem Gericht ist ein **Protokoll** aufzunehmen.

Das Protokoll enthält:

1. den Ort und den Tag der Verhandlung;
2. die Namen der Richter, des Protokollführers und des etwa zugezogenen Dolmetschers;
3. die Bezeichnung des Rechtsstreits;
4. die Namen der erschienenen Parteien, gesetzlichen Vertreter, Bevollmächtigten und Beistände;
5. die Angabe, daß öffentlich verhandelt oder die Öffentlichkeit ausgeschlossen ist.

§ 160

Der Gang der Verhandlung ist nur im allgemeinen anzugeben.

Durch **Aufnahme in das Protokoll** sind festzustellen:

1. die Anerkenntnisse, Verzichtleistungen und **Vergleiche,** durch welche der geltend gemachte Anspruch ganz oder teilweise erledigt wird;
2. die **Anträge** und Erklärungen, deren Feststellung vorgeschrieben ist;
3. die Aussagen der **Zeugen** und Sachverständigen, sofern dieselben früher nicht abgehört waren oder von ihrer früheren Aussage abweichen;
4. das Ergebnis eines Augenscheins;
5. die **Entscheidungen** (Urteile, Beschlüsse und Verfügungen) des Gerichts, sofern sie nicht dem Protokoll schriftlich beigefügt sind;
6. die Verkündung der Entscheidungen.

Der Aufnahme in das Protokoll steht die Aufnahme in eine Schrift gleich, welche dem Protokoll als Anlage beigefügt und als solche in demselben bezeichnet ist.

§ 161

Die Feststellung der Aussagen der Zeugen und Sachverständigen kann unterbleiben, wenn die Vernehmung vor dem Prozeßgericht erfolgt und das Endurteil der Berufung nicht unterliegt. In diesem Falle ist in dem Protokoll nur zu bemerken, daß die Vernehmung stattgefunden habe.

§ 162

Das Protkoll ist insoweit, als es die Nr. 1—4 des § 160 betrifft, den Beteiligten **vorzulesen** oder zur Durchsicht vorzulegen. In dem Protokoll ist zu bemerken, daß dies geschehen und die Genehmigung erfolgt sei oder welche Einwendungen erhoben sind.

§ 163

Das Protokoll ist von dem Vorsitzenden und dem Protokollführer zu **unterschreiben.**

Ist der Vorsitzende verhindert, so unterschreibt für ihn der älteste beisitzende Richter. Im Falle der Verhinderung des Amtsrichters genügt die Unterschrift des Protokollführers.

Von der Zuziehung eines Protokollführers kann nach Bestimmung des Vorsitzenden abgesehen werden.

§ 163 a

Niederschriften größeren Umfanges, insbesondere über die Aussagen von Zeugen und Sachverständigen und über das Ergebnis eines Augenscheins, können in einer gebräuchlichen **Kurzschrift** als Anlage des Protokolls (§ 160 Abs. 2) aufgenommen werden. In diesem Falle ist die Anlage stets den Beteiligten vorzulesen und allein von dem Protokollführer zu unterzeichnen. § 162 Satz 2 findet Anwendung. Nach Beendigung des Termins ist unverzüglich eine Übertragung der Anlage des Protokolls in die gewöhnliche Schrift anzufertigen und von dem Protokollführer zu beglaubigen. Die Übertragung tritt für das weitere Verfahren an die Stelle der Anlage.

Der Nachweis der Unrichtigkeit der Übertragung ist jederzeit zulässig.

§ 164

Die Beobachtung der für die mündliche Verhandlung vorgeschriebenen Förmlichkeiten kann nur durch das Protokoll bewiesen werden. Gegen den diese Förmlichkeiten betreffenden Inhalt desselben ist nur der Nachweis der Fälschung zulässig.

§ 165

Zu den Verhandlungen, welche außerhalb der Sitzung vor Amtsrichtern oder vor **beauftragten** oder ersuchten **Richtern** stattfinden, ist der Protokollführer gleichfalls zuzuziehen.

§ 251

Das Gericht hat das **Ruhen** des Verfahrens anzuordnen, wenn beide Parteien dies beantragen und anzunehmen ist, daß wegen Schwebens von Vergleichsverhandlungen oder aus sonstigen wichtigen Gründen diese Anordnung zweckmäßig ist. Die Anordnung hat auf den Lauf der im § 233 Abs. 1 bezeichneten Fristen keinen Einfluß.

Vor Ablauf von drei Monaten kann das Verfahren nur mit Zustimmung des Gerichts aufgenommen werden.

§ 251 a

Erscheinen in einem Termine **beide Parteien nicht,** oder stellt beim Ausbleiben einer Partei, ohne daß es zur Vertagung kommt, die erschienene Partei keine Anträge zur Sache, so kann das Gericht **nach Lage der Akten entscheiden.** Ein Urteil darf in diesem Falle nur in einem besonderen, auf mindestens eine Woche hinaus anzusetzenden Termin verkündet werden, und nur, wenn in einem früheren Termin eine mündliche Verhandlung stattgefunden hat. Das Gericht hat der nicht erschienenen Partei durch eingeschriebenen Brief den Verkündungstermin bekanntzugeben. Die Verkündung unterbleibt, wenn eine nicht erschienene Partei dies vor dem Verkündungstermin beantragt und glaubhaft macht, daß sie in dem Verhandlungstermin ohne ihr Verschulden ausgeblieben ist.

Ergeht eine Entscheidung nach Lage der Akten nicht, so bestimmt das Gericht von Amts wegen einen neuen Termin zur mündlichen Verhandlung und gibt ihn den Parteien bekannt oder ordnet das Ruhen des Verfahrens an.

§ 252

Gegen die Entscheidung, durch welche auf Grund der Vorschriften dieses Titels oder auf Grund anderer gesetzlicher Bestimmungen die Aussetzung des Verfahrens angeordnet oder abgelehnt wird, findet Beschwerde, im Falle der Ablehnung sofortige Beschwerde statt.

Zweites Buch

Verfahren in erster Instanz

Erster Abschnitt

Verfahren vor den Landgerichten

Erster Titel

Verfahren bis zum Urteil

§ 253

Die Erhebung der Klage erfolgt durch Zustellung eines Schriftsatzes. Derselbe muß enthalten:

1. die Bezeichnung der Parteien und des Gerichts;
2. die bestimmte Angabe des Gegenstandes und des Grundes des erhobenen Anspruchs, sowie einen bestimmten Antrag;
3. die Ladung des Beklagten vor das Prozeßgericht zur mündlichen Verhandlung des Rechtsstreits.

Die Klageschrift soll ferner enthalten:

1. die Aufforderung, etwaige gegen die Behauptungen des Klägers vorzubringende Einwendungen und Beweismittel unverzüglich durch den zu bestellenden Anwalt (§ 215) in einem Schriftsatz dem Kläger und dem Gerichte mitzuteilen;
2. die Angabe des Wertes des Streitgegenstandes, wenn hiervon die Zuständigkeit des Gerichts abhängt und der Streitgegenstand nicht in einer bestimmten Geldsumme besteht.

Außerdem finden die allgemeinen Bestimmungen über die vorbereitenden Schriftsätze auch auf die Klageschrift Anwendung.

§ 254

Wird mit der Klage auf Rechnungslegung oder auf Vorlegung eines Vermögensverzeichnisses oder auf Leistung des Offenbarungseides die Klage auf Herausgabe desjenigen verbunden, was der Beklagte aus dem zugrunde liegenden Rechtsverhältnisse schuldet, so kann die **bestimmte Angabe der Leistungen,** welche der Kläger beansprucht, **vorbehalten** werden, bis die Rechnung mitgeteilt, das Vermögensverzeichnis vorgelegt oder der Offenbarungseid geleistet ist.

§ 255

Hat der Kläger für den Fall, daß der Beklagte nicht vor dem Ablauf einer ihm zu bestimmenden Frist den erhobenen Anspruch befriedigt, das Recht, **Schadensersatz** wegen Nichterfüllung zu fordern oder die Aufhebung eines Vertrags herbeizuführen, so kann er verlangen, daß die Frist im Urteil bestimmt wird.

Das gleiche gilt, wenn dem Kläger das Recht, die Anordnung einer Verwaltung zu verlangen, für den Fall zusteht, daß der Beklagte nicht vor dem Ablauf einer ihm zu bestimmenden Frist die beanspruchte Sicherheit leistet sowie im Falle des § 2193 Abs. 2 des Bürgerlichen Gesetzbuchs für die Bestimmung einer Frist zur Vollziehung der Auflage.

§ 256

Auf **Feststellung** des Bestehens oder Nichtbestehens eines Rechtsverhältnisses, auf Anerkennung einer Urkunde oder auf Feststellung der Unechtheit derselben **kann Klage erhoben werden,** wenn der Kläger ein rechtliches Interesse daran hat, daß das Rechtsverhältnis oder die Echtheit oder Unechtheit der Urkunde durch richterliche Entscheidung alsbald festgestellt werde.

§ 257

Ist die Geltendmachung einer nicht von einer Gegenleistung abhängigen Geldforderung oder die Geltendmachung des Anspruchs auf Räumung eines Grundstücks, eines Wohnraums oder eines anderen Raumes an den Eintritt eines Kalendertags geknüpft, so kann **Klage auf künftige Zahlung** oder Räumung erhoben werden.

§ 258

Bei wiederkehrenden Leistungen kann auch wegen der erst nach Erlassung des Urteils fällig werdenden Leistungen **Klage auf künftige Entrichtung** erhoben werden.

§ 259

Klage auf künftige Leistung kann außer den Fällen der §§ 257, 258 erhoben werden, wenn den Umständen nach die Besorgnis gerechtfertigt ist, daß der Schuldner sich der rechtzeitigen Leistung entziehen werde.

§ 260

Mehrere Ansprüche des Klägers gegen denselben Beklagten können, auch wenn sie auf verschiedenen Gründen beruhen, in einer Klage verbunden werden, wenn für sämtliche Ansprüche das Prozeßgericht zuständig und dieselbe Prozeßart zulässig ist.

§ 263

Durch die Erhebung der Klage wird die **Rechtshängigkeit** der Streitsache begründet.

Die Rechtshängigkeit hat folgende Wirkungen:

1. wenn während der Dauer der Rechtshängigkeit von einer Partei die Streitsache anderweit anhängig gemacht wird, so kann der Gegner die Einrede der Rechtshängigkeit erheben;
2. die Zuständigkeit des Prozeßgerichts wird durch eine Veränderung der sie begründenden Umstände nicht berührt.

§ 264

Nach dem Eintritt der Rechtshängigkeit ist eine **Änderung der Klage zulässig,** wenn der Beklagte einwilligt oder das Gericht sie für sachdienlich erachtet.

§ 265

Die Rechtshängigkeit schließt das Recht der einen oder der anderen Partei nicht aus, die in Streit befangene Sache zu veräußern oder den geltend gemachten Anspruch abzutreten.

Die Veräußerung oder Abtretung hat auf den Prozeß keinen Einfluß. Der Rechtsnachfolger ist nicht berechtigt, ohne Zustimmung des Gegners den Prozeß als Hauptpartei an Stelle des Rechtsvorgängers zu übernehmen oder eine Hauptintervention zu erheben. Tritt der Rechtsnachfolger als Nebenintervenient auf, so findet der § 69 keine Anwendung.

Hat der Kläger veräußert oder abgetreten, so kann ihm, sofern das Urteil nach § 325 gegen den Rechtsnachfolger nicht wirksam sein würde, der Einwand entgegengesetzt werden, daß er zur Geltendmachung des Anspruchs nicht mehr befugt sei.

§ 268

Als eine **Änderung der Klage** ist es **nicht** anzusehen, wenn ohne Änderung des Klagegrundes

1. die tatsächlichen oder rechtlichen Anführungen ergänzt oder berichtigt werden;
2. der Klageantrag in der Hauptsache oder in bezug auf Nebenforderungen erweitert oder beschränkt wird;
3. statt des ursprünglich geforderten Gegenstandes wegen einer später eingetretenen Veränderung ein anderer Gegenstand oder das Interesse gefordert wird.

§ 269

Die **Einwilligung** des Beklagten in die Änderung der Klage ist anzunehmen, wenn derselbe, ohne der Änderung zu widersprechen, sich in einer mündlichen Verhandlung auf die abgeänderte Klage eingelassen hat.

§ 270

Eine Anfechtung der Entscheidung, daß eine Änderung der Klage nicht vorliege oder daß die Änderung zuzulassen sei, findet nicht statt.

§ 271

Die **Klage** kann ohne Einwilligung des Beklagten nur bis zum Beginne der mündlichen Verhandlung des Beklagten zur Hauptsache **zurückgenommen** werden.

Die Zurücknahme der Klage erfolgt, wenn sie nicht bei der mündlichen Verhandlung erklärt wird, durch Zustellung eines Schriftsatzes. Abschrift desselben ist sofort nach erfolgter Zustellung auf der Geschäftsstelle niederzulegen.

Die Zurücknahme der Klage hat zur Folge, daß der Rechtsstreit als nicht anhängig geworden anzusehen ist; sie verpflichtet den Kläger, die Kosten des Rechtsstreits zu tragen, sofern nicht über dieselben bereits rechtskräftig erkannt ist. Auf Antrag des Beklagten ist diese Verpflichtung durch Urteil auszusprechen.

Wird die Klage von neuem angestellt, so kann der Beklagte die Einlassung verweigern, bis die Kostenerstattung erfolgt ist.

§ 272

Jede Partei hat dem Gegner solche tatsächliche Behauptungen, Beweismittel und Anträge, auf welche derselbe voraussichtlich ohne vorhergehende Erkundigung keine Erklärung abgeben kann, **vor der mündlichen Verhandlung mittels vorbereitenden Schriftsatzes so zeitig mitzuteilen,** daß der Gegner die erforderliche Erkundigung noch einzuziehen vermag.

§ 272 a

Kann eine Partei in der mündlichen Verhandlung auf eine Behauptung des Gegners eine **Erklärung nicht abgeben, weil** ihr die Behauptung nicht rechtzeitig vor dem Termine mitgeteilt ist, so kann auf ihren Antrag das Gericht eine Frist bestimmen, innerhalb deren sie die Erklärung in einem Schriftsatz nachbringen kann, und gleichzeitig einen Termin zur Verkündung einer Entscheidung anberaumen, der auch über eine Woche hinaus angesetzt werden kann. Wird bis zu dem Termin die Zustellung des Schriftsatzes an den Gegner nachgewiesen und eine Abschrift von ihm dem Gericht eingereicht, so ist sein Inhalt bei der Entscheidung zu berücksichtigen; wird der Schriftsatz bis zu dem Termin nicht eingereicht, so gilt die Behauptung des Gegners als nicht bestritten.

§ 272 b

Der Vorsitzende oder ein von ihm zu bestimmendes Mitglied des Prozeßgerichts hat schon **vor der mündlichen Verhandlung alle Anordnungen zu treffen,** die angebracht erscheinen, damit der Rechtsstreit tunlichst in einer mündlichen Verhandlung erledigt wird.

Zu diesem Zwecke kann er insbesondere

1. den Parteien die Ergänzung oder Erläuterung ihrer vorbereitenden Schriftsätze sowie die Vorlegung von Urkunden, Stammbäumen, Plänen, Rissen und Zeichnungen aufgeben;
2. Behörden oder Beamte um Mitteilung von Urkunden oder um Erteilung einer amtlichen Auskunft ersuchen;
3. das persönliche Erscheinen der Parteien anordnen;
4. **Zeugen,** auf welche eine Partei sich bezogen hat, zur mündlichen Verhandlung **laden** oder von ihnen nach Maßgabe der Vorschriften des § 377 Abs. 3, 4 schriftliche Auskünfte einholen;

5. die Einnahme des Augenscheins sowie die Begutachtung durch Sachverständige anordnen und ausführen oder Sachverständige zur mündlichen Verhandlung laden.

Anordnungen der unter Nr. 4, 5 bezeichneten Art sollen nur ergehen, wenn der Beklagte dem Klageanspruche bereits widersprochen hat. Erfordert die Ausführung der Anordnung die Abhaltung eines Termins, so ist dieser tunlichst mit dem Termin zur mündlichen Verhandlung zu verbinden.

Die Parteien sind von jeder Anordnung zu benachrichtigen. Die Benachrichtigung kann unterbleiben, wenn es nach dem Ermessen des Vorsitzenden oder des von ihm beauftragten Mitglieds für die Wahrnehmung der Rechte der Parteien nicht wesentlich ist, daß sie vor dem Termin zur mündlichen Verhandlung von der Anordnung Kenntnis erhalten. Wird das persönliche Erscheinen der Parteien angeordnet, so finden die Vorschriften des § 141 Abs. 2, 3 Anwendung.

§ 273

Die mündliche Verhandlung erfolgt nach den allgemeinen Vorschriften.

§ 274

Prozeßhindernde Einreden sind gleichzeitig und vor der Verhandlung des Beklagten zur Hauptsache vorzubringen.

Als solche Einreden sind nur anzusehen:

1. die Einrede der Unzuständigkeit des Gerichts,
2. die Einrede der Unzulässigkeit des Rechtswegs,
3. die Einrede, daß die Entscheidung des Rechtsstreits durch Schiedsrichter zu erfolgen habe,
4. die Einrede der Rechtshängigkeit,
5. die Einrede der mangelnden Sicherheit für die Prozeßkosten,
6. die Einrede, daß die zur Erneuerung des Rechtsstreits erforderliche Erstattung der Kosten des früheren Verfahrens noch nicht erfolgt sei,
7. die Einrede der mangelnden Parteifähigkeit, der mangelnden Prozeßfähigkeit oder der mangelnden gesetzlichen Vertretung.

Nach dem Beginne der mündlichen Verhandlung des Beklagten zur Hauptsache können prozeßhindernde Einreden nur geltend gemacht werden, wenn dieselben entweder solche sind, auf welche der Beklagte wirksam nicht verzichten kann oder wenn der Beklagte glaubhaft macht, daß er ohne sein Verschulden nicht imstande gewesen sei, dieselben vor der Verhandlung zur Hauptsache geltend zu machen.

§ 275

Über prozeßhindernde Einreden ist **besonders zu verhandeln** und durch Urteil zu entscheiden, wenn das Gericht auf Antrag oder von Amts wegen die abgesonderte Verhandlung anordnet.

Das Urteil, durch welches die prozeßhindernde Einrede verworfen wird, ist in betreff der Rechtsmittel als Endurteil anzusehen; das Gericht kann jedoch auf Antrag anordnen, daß zur Hauptsache zu verhandeln sei.

§ 276

Ist auf Grund der Bestimmungen über die örtliche oder sachliche Zuständigkeit der Gerichte die **Unzuständigkeit des Gerichts** auszusprechen, so hat das angegangene Gericht, sofern das zuständige Gericht bestimmt werden kann, auf Antrag des Klägers durch Beschluß sich für unzuständig zu erklären und den Rechtsstreit an das zuständige Gericht zu verweisen. Sind mehrere Gerichte zuständig, so erfolgt die Verweisung an das vom Kläger gewählte Gericht.

Eine Anfechtung des Beschlusses findet nicht statt; mit der Verkündung des Beschlusses gilt der Rechtsstreit als bei dem im Beschlusse bezeichneten Gericht anhängig. Der Beschluß ist für dieses Gericht bindend.

Die im Verfahren vor dem angegangenen Gericht erwachsenen Kosten werden als Teil der Kosten behandelt, welche bei dem im Beschlusse bezeichneten Gericht erwachsen. Dem Kläger sind die entstandenen Mehrkosten auch dann aufzuerlegen, wenn er in der Hauptsache obsiegt.

§ 277

(fortgefallen).

§ 278

Angriffs- und Verteidigungsmittel (Einreden, Widerklage, Repliken usw.) können **bis zum Schlusse derjenigen mündlichen Verhandlung,** auf welche das Urteil ergeht, geltend gemacht werden.

Das Gericht hat, wenn durch das nachträgliche Vorbringen eines Angriffs- oder Verteidigungsmittels die Erledigung des Rechtsstreits **verzögert** wird, der obsiegenden Partei, welche nach freier richterlicher Überzeugung imstande war, das Angriffs- oder Verteidigungsmittel zeitiger geltend zu machen, die Prozeßkosten ganz oder teilweise aufzuerlegen.

§ 279

Angriffs- oder Verteidigungsmittel, die von einer Partei nachträglich vorgebracht werden, können zurückgewiesen werden, wenn durch deren Zulassung die Erledigung des Rechtsstreits **verzögert** werden würde und nach der freien Überzeugung des Gerichts die Partei in der Absicht, den Prozeß zu verschleppen, oder aus grober Nachlässigkeit das Angriffs- oder Verteidigungsmittel nicht früher vorgebracht hat.

§ 279 a

Erachtet das Gericht bestimmte **Punkte für aufklärungsbedürftig,** so soll es den Parteien aufgeben, sich innerhalb bestimmter Frist über die streitigen Punkte zu erklären. Wird einer solchen Anordnung nicht Folge geleistet, so kann die Erklärung, wenn sie später nachgeholt wird, für die Instanz unberücksichtigt bleiben, wenn die Partei die Verspätung nicht genügend entschuldigt.

§ 280

Bis zum Schlusse derjenigen mündlichen Verhandlung, auf welche das Urteil ergeht, kann der Kläger durch Erweiterung des Klagantrags, der Beklagte durch Erhebung einer Widerklage beantragen, daß ein im Laufe des Prozesses streitig gewordenes **Rechtsverhältnis**, von dessen Bestehen oder Nichtbestehen die Entscheidung des Rechtsstreits ganz oder zum Teil abhängt, durch richterliche Entscheidung **festgestellt** werde.

§ 281

Die Rechtshängigkeit eines erst im Laufe des Prozesses erhobenen Anspruchs tritt mit dem Zeitpunkt ein, in welchem der Anspruch in der mündlichen Verhandlung geltend gemacht oder ein den Erfordernissen des § 253 Abs. 2 Nr. 2 entsprechender Schriftsatz zugestellt oder gemäß § 496 Abs. 4 mitgeteilt wird.

§ 282

Jede Partei hat unter Bezeichnung der Beweismittel, deren sie sich zum Nachweis oder zur Widerlegung tatsächlicher Behauptungen bedienen will, **den Beweis anzutreten** und über die von der Gegenpartei angegebenen Beweismittel sich zu erklären.

In betreff der einzelnen Beweismittel wird die Beweisantretung und die Erklärung auf dieselbe durch die Vorschriften des sechsten bis zehnten Titels bestimmt.

§ 283

Beweismittel und Beweiseinreden können bis zum Schlusse derjenigen mündlichen Verhandlung, auf welche das Urteil ergeht, geltend gemacht werden.

Auf das **nachträgliche Vorbringen von Beweismitteln** und Beweiseinreden finden die Vorschriften des § 278 Abs. 2 und der §§ 279, 279 a entsprechende Anwendung.

§ 284

Die Beweisaufnahme und die Anordnung eines besonderen Beweisaufnahmeverfahrens durch Beweisbeschluß wird durch die Vorschriften des fünften bis elften Titels bestimmt.

§ 285

Über **das Ergebnis der Beweisaufnahme** haben die Parteien unter Darlegung des Streitverhältnisses zu verhandeln.

Ist die Beweisaufnahme nicht vor dem Prozeßgericht erfolgt, so haben die Parteien das Ergebnis derselben auf Grund der Beweisverhandlungen vorzutragen.

§ 286

Das Gericht hat unter Berücksichtigung des gesamten Inhalts der Verhandlungen und des Ergebnisses einer etwaigen Beweisaufnahme **nach freier Überzeugung** zu entscheiden, ob eine tatsächliche Behauptung für **wahr** oder für nicht wahr zu erachten sei. In dem Urteile sind die Gründe anzugeben, welche für die richterliche Überzeugung leitend gewesen sind.

An gesetzlichen Beweisregeln ist das Gericht nur in den durch dieses Gesetz bezeichneten Fällen gebunden.

§ 287

Ist unter den Parteien **streitig,** ob ein **Schaden** entstanden sei, und wie hoch sich der Schaden oder ein zu ersetzendes Interesse belaufe, so entscheidet hierüber das Gericht unter Würdigung aller Umstände nach freier Überzeugung. Ob und inwieweit eine beantragte Beweisaufnahme oder von Amts wegen die Begutachtung durch Sachverständige anzuordnen sei, bleibt dem Ermessen des Gerichts überlassen. Das Gericht kann anordnen, daß der Beweisführer den Schaden oder das Interesse eidlich schätze. In diesem Falle hat das Gericht zugleich den Betrag zu bestimmen, welchen die eidliche Schätzung nicht übersteigen darf.

Die Vorschriften des Abs. 1 Satz 1, 2 finden bei vermögensrechtlichen Streitigkeiten auch in anderen Fällen entsprechende Anwendung, soweit unter den Parteien die Höhe einer Forderung streitig ist und die vollständige Aufklärung aller hierfür maßgebenden Umstände mit Schwierigkeiten verbunden ist, die zu der Bedeutung des streitigen Teiles der Forderung in keinem Verhältnis stehen.

§ 288

Die von einer Partei behaupteten Tatsachen bedürfen insoweit keines Beweises, als sie im Laufe des Rechtsstreits von dem Gegner bei einer mündlichen Verhandlung oder zum Protokoll eines beauftragten oder ersuchten Richters **zugestanden** sind.

Zur Wirksamkeit des gerichtlichen Geständnisses ist dessen Annahme nicht erforderlich.

§ 289

Die Wirksamkeit des gerichtlichen Geständnisses wird dadurch nicht beeinträchtigt, daß demselben eine Behauptung hinzugefügt wird, welche ein selbständiges Angriffs- oder Verteidigungsmittel enthält.

Inwiefern eine vor Gericht erfolgte einräumende Erklärung ungeachtet anderer zusätzlicher oder einschränkender Behauptungen als ein Geständnis anzusehen sei, bestimmt sich nach der Beschaffenheit des einzelnen Falles.

§ 290

Der Widerruf hat auf die Wirksamkeit des gerichtlichen Geständnisses nur dann Einfluß, wenn die widerrufende Partei beweist, daß das Geständnis der Wahrheit nicht entspreche und durch einen Irrtum veranlaßt sei. In diesem Falle verliert das Geständnis seine Wirksamkeit.

§ 291

Tatsachen, welche bei dem Gericht **offenkundig** sind, bedürfen keines Beweises.

§ 292

Stellt das Gesetz für das Vorhandensein einer Tatsache eine **Vermutung** auf, so ist der Beweis des Gegenteils zulässig, sofern nicht das Gesetz ein anderes vorschreibt. Dieser Beweis kann auch durch Eideszuschiebung nach Maßgabe der §§ 445 ff. geführt werden.

§ 293

Das in einem anderen Staate geltende Recht, die Gewohnheitsrechte und Statuten bedürfen des Beweises nur insofern, als sie dem Gericht unbekannt sind. Bei Ermittelung dieser Rechtsnormen ist das Gericht auf die von den Parteien beigebrachten Nachweise nicht beschränkt; es ist befugt, auch andere Erkenntnisquellen zu benutzen und zum Zwecke einer solchen Benutzung das Erforderliche anzuordnen.

§ 295

Die Verletzung einer das Verfahren und insbesondere die Form einer Prozeßhandlung betreffenden Vorschrift kann **nicht mehr gerügt** werden, wenn die Partei auf die Befolgung der Vorschrift verzichtet, oder wenn sie bei der nächsten mündlichen Verhandlung, welche auf Grund des betreffenden Verfahrens stattgefunden hat oder in welcher auf dasselbe Bezug genommen ist, den Mangel nicht gerügt hat, obgleich sie erschienen und ihr der Mangel bekannt war oder bekannt sein mußte.

Die vorstehende Bestimmung kommt nicht zur Anwendung, wenn Vorschriften verletzt sind, auf deren Befolgung eine Partei wirksam nicht verzichten kann.

§ 296

Das Gericht kann in jeder Lage des Rechtsstreits die **gütliche Beilegung** desselben oder einzelner Streitpunkte **versuchen** oder die Parteien zum Zwecke des Sühneversuchs vor einen beauftragten oder ersuchten Richter verweisen.

Zum Zwecke des Sühneversuchs kann das persönliche Erscheinen der Parteien angeordnet werden. Wird das Erscheinen angeordnet, so finden die Vorschriften des § 141 Abs. 2 Anwendung.

§ 297

Die **Anträge** müssen aus den vorbereitenden Schriftsätzen verlesen werden.

Soweit vorbereitende Schriftsätze nicht mitgeteilt oder die Anträge in solchen nicht enthalten sind, muß die Verlesung aus einem dem Protokoll als Anlage beizufügenden Schriftsatz erfolgen.

Dasselbe gilt von Anträgen, welche von früher verlesenen in wesentlichen Punkten abweichen.

Die Verlesung kann durch eine Bezugnahme auf die die Anträge enthaltenden Schriftsätze ersetzt werden, soweit das Gericht es für ausreichend erachtet.

Die Nichtbeachtung dieser Vorschriften hat die Nichtberücksichtigung der Anträge zur Folge.

§ 298

Soweit es sich nicht um Anträge (§ 297) handelt, sind wesentliche Erklärungen, welche in vorbereitenden Schriftsätzen nicht enthalten sind, oder wesentliche Abweichungen von dem Inhalt solcher Schriftsätze, mögen die Abweichungen in Zusätzen, Weglassungen oder sonstigen Abänderungen bestehen, auf Antrag durch Schriftsätze, welche dem **Protokoll** als **Anlage** beizufügen sind, festzustellen.

In gleicher Weise sind auf Antrag auch Geständnisse sowie die Erklärungen über Annahme oder Zurückschiebung zugeschobener Eide festzustellen.

§ 299

Die Parteien können **von den Prozeßakten Einsicht** nehmen und sich aus denselben durch die Geschäftsstelle Ausfertigungen, Auszüge und **Abschriften** erteilen lassen.

Dritten Personen kann der Vorstand des Gerichts ohne Einwilligung der Parteien die Einsicht der Akten nur gestatten, wenn ein rechtliches Interesse glaubhaft gemacht wird.

Die Entwürfe zu Urteilen, Beschlüssen und Verfügungen, die zur Vorbereitung derselben gelieferten Arbeiten, sowie die Schriftstücke, welche Abstimmungen oder Strafverfügungen betreffen, werden weder vorgelegt noch abschriftlich mitgeteilt.

Zweiter Titel

Urteil

§ 300

Ist der Rechtsstreit zur **Endentscheidung reif**, so hat das Gericht dieselbe durch Endurteil zu erlassen.

Dasselbe gilt, wenn von mehreren zum Zwecke gleichzeitiger Verhandlung und Entscheidung verbundenen Prozessen nur der eine zur Endentscheidung reif ist.

§ 301

Ist von mehreren in einer Klage geltend gemachten Ansprüchen nur der eine, oder ist nur ein Teil eines Anspruchs oder bei erhobener Widerklage nur die Klage oder die Widerklage zur Endentscheidung reif, so hat das Gericht dieselbe durch Endurteil **(Teilurteil)** zu erlassen.

Die Erlassung eines Teilurteils kann unterbleiben, wenn das Gericht sie nach Lage der Sache nicht für angemessen erachtet.

§ 302

Hat der Beklagte die **Aufrechnung** einer Gegenforderung geltend gemacht, welche mit der in der Klage geltend gemachten Forderung nicht in rechtlichem Zusammenhange steht, so kann, wenn nur die Verhandlung über die Forderung zur Entscheidung reif ist, diese unter Vorbehalt der Entscheidung über die Aufrechnung erfolgen.

Enthält das Urteil keinen Vorbehalt, so kann die Ergänzung des Urteils nach Vorschrift des § 321 beantragt werden.

Das Urteil, welches unter Vorbehalt der Entscheidung über die Aufrechnung ergeht, ist in betreff der Rechtsmittel und der Zwangsvollstreckung als Endurteil anzusehen.

In betreff der Aufrechnung, über welche die Entscheidung vorbehalten ist, bleibt der Rechtsstreit anhängig. Soweit sich in dem weiteren Verfahren ergibt, daß der Anspruch des Klägers unbegründet war, ist das frühere Urteil aufzuheben, der Kläger mit dem Anspruch abzuweisen und über die Kosten anderweit zu entscheiden. Der Kläger ist zum Ersatze des Schadens verpflichtet, der dem Beklagten durch die Vollstreckung des Urteils oder durch eine zur Abwendung der Vollstreckung gemachte Leistung entstanden ist. Der Beklagte kann den Anspruch auf Schadensersatz in dem anhängigen Rechtsstreit geltend machen; wird der Anspruch geltend gemacht, so ist er als zur Zeit der Zahlung oder Leistung rechtshängig geworden anzusehen.

§ 303

Ist ein Zwischenstreit zur Entscheidung reif, so kann die Entscheidung durch **Zwischenurteil** erfolgen.

§ 304

Ist ein Anspruch nach Grund und Betrag streitig, so kann das Gericht **über den Grund vorab** entscheiden.

Das Urteil ist in betreff der Rechtsmittel als Endurteil anzusehen; das Gericht kann jedoch, wenn der Anspruch für begründet erklärt ist, auf Antrag anordnen, daß über den Betrag zu verhandeln sei.

§ 305

Durch die Geltendmachung der dem **Erben** nach den §§ 2014, 2015 des Bürgerlichen Gesetzbuchs zustehenden Einreden wird eine unter dem

Vorbehalte der beschränkten Haftung ergehende Verurteilung des Erben nicht ausgeschlossen.

Das gleiche gilt für die Geltendmachung der Einreden, die im Falle der fortgesetzten Gütergemeinschaft dem überlebenden Ehegatten nach dem § 1489 Abs. 2 und den §§ 2014, 2015 des Bürgerlichen Gesetzbuchs zustehen.

§ 306

Verzichtet der Kläger bei der mündlichen Verhandlung auf den geltend gemachten Anspruch, so ist er auf Grund des Verzichts mit dem Anspruch abzuweisen, wenn der Beklagte die Abweisung beantragt.

§ 307

Erkennt eine Partei den gegen sie geltend gemachten Anspruch bei der mündlichen Verhandlung ganz oder zum Teil an, so ist sie auf Antrag dem **Anerkenntnisse** gemäß zu verurteilen.

§ 308

Das Gericht ist nicht befugt, einer Partei etwas zuzusprechen, **was nicht beantragt ist.** Dies gilt insbesondere von Früchten, Zinsen und anderen Nebenforderungen.

Über die Verpflichtung, die **Prozeßkosten** zu tragen, hat das Gericht auch ohne Antrag zu erkennen.

§ 309

Das Urteil kann **nur von denjenigen Richtern** gefällt werden, welche der dem Urteil zugrunde liegenden Verhandlung beigewohnt haben.

§ 310

Die **Verkündung** des Urteils erfolgt in dem Termin, in welchem die mündliche Verhandlung geschlossen wird, oder in einem sofort anzuberaumenden Termin, welcher nicht über eine Woche hinaus angesetzt werden soll.

§ 311

Die Verkündung des Urteils erfolgt durch Vorlesung der Urteilsformel. Versäumnisurteile, Urteile, welche auf Grund eines Anerkenntnisses erlassen werden, sowie Urteile, welche die Folge der Zurücknahme der Klage oder des Verzichts auf den Klaganspruch oder welche den Eintritt der in einem bedingten Endurteil ausgedrückten Folgen aussprechen, können verkündet werden, auch wenn die Urteilsformel noch nicht schriftlich abgefaßt ist.

Wird die Verkündung der Entscheidungsgründe für angemessen erachtet, so erfolgt sie durch Vorlesung der Gründe oder durch mündliche Mitteilung des wesentlichen Inhalts.

§ 312

Die Wirksamkeit der Verkündung eines Urteils ist von der Anwesenheit der Parteien nicht abhängig. Die Verkündung gilt auch derjenigen Partei gegenüber als bewirkt, welche den Termin versäumt hat.

Die Befugnis einer Partei, auf Grund eines verkündeten Urteils das Verfahren fortzusetzen oder von dem Urteil in anderer Weise Gebrauch zu machen, ist von der Zustellung an den Gegner nicht abhängig, soweit nicht dieses Gesetz ein anderes bestimmt.

§ 313

Das Urteil enthält:

1. die Bezeichnung der Parteien, ihrer gesetzlichen Vertreter und der Prozeßbevollmächtigten nach Namen, Stand oder Gewerbe, Wohnort und Parteistellung;
2. die Bezeichnung des Gerichts und die Namen der Richter, welche bei der Entscheidung mitgewirkt haben;
3. eine gedrängte Darstellung des Sach- und Streitstandes auf Grundlage der mündlichen Vorträge der Parteien unter Hervorhebung der gestellten Anträge **(Tatbestand)**;
4. **die Entscheidungsgründe;**
5. die von der Darstellung des Tatbestandes und der Entscheidungsgründe äußerlich zu sondernde Urteilsformel.

Die Darstellung des Tatbestandes kann durch eine Bezugnahme auf den Inhalt der vorbereitenden Schriftsätze und auf die zum Sitzungsprotokoll erfolgten Feststellungen ersetzt werden, soweit sich aus ihnen der Sach- und Streitstand richtig und vollständig ergibt. In jedem Falle sind jedoch die erhobenen Ansprüche genügend zu kennzeichnen und die dazu vorgebrachten Angriffs- und Verteidigungsmittel ihrem Wesen nach hervorzuheben.

Wird durch Versäumnisurteil oder Anerkenntnisurteil nach dem Antrag des Klägers erkannt, so kann das Urteil in abgekürzter Form auf die bei den Akten befindliche Urschrift oder Abschrift der Klage oder auf ein damit zu verbindendes Blatt gesetzt werden. In diesem Falle ist das Urteil als Versäumnisurteil oder Anerkenntnisurteil zu bezeichnen. Des Tatbestandes, der Entscheidungsgründe und der Bezeichnung der mitwirkenden Richter bedarf es nicht. Der Bezeichnung der Parteien, ihrer gesetzlichen Vertreter und der Prozeßbevollmächtigten bedarf es nur insoweit, als von den Angaben der Klageschrift abgewichen wird. In der Urteilsformel kann auf die Klageschrift Bezug genommen werden. Wird das Urteil auf ein Blatt gesetzt, das mit der Klageschrift verbunden wird, so soll die Verbindungsstelle mit dem Gerichtssiegel versehen oder die Verbindung mit Schnur und Siegel bewirkt werden.

§ 314

Der **Tatbestand** des Urteils liefert rücksichtlich des mündlichen Parteivorbringens Beweis. Dieser Beweis kann nur durch das Sitzungsprotokoll entkräftet werden.

§ 315

Das Urteil ist von den Richtern, welche bei der Entscheidung mitgewirkt haben, zu **unterschreiben.** Ist ein Richter verhindert, seine Unterschrift beizufügen, so wird dies unter Angabe des Verhinderungsgrundes von dem Vorsitzenden und bei dessen Verhinderung von dem ältesten beisitzenden Richter unter dem Urteil bemerkt.

Ein Urteil, welches bei der Verkündung noch nicht in vollständiger Form abgefaßt war, ist vor Ablauf einer Woche, vom Tage der Verkündung an gerechnet, in vollständiger Abfassung dem Urkundsbeamten der Geschäftsstelle zu übergeben. Kann dies ausnahmsweise nicht geschehen, so ist innerhalb der Woche das von den Richtern unterschriebene Urteil unter Weglassung des Tatbestandes und der Entscheidungsgründe dem Urkundsbeamten der Geschäftsstelle zu übergeben. In diesem Falle sind Tatbestand und Entscheidungsgründe alsbald nachträglich anzufertigen, von den Richtern besonders zu unterschreiben und dem Urkundsbeamten der Geschäftsstelle zu übergeben.

Der Urkundsbeamte der Geschäftsstelle hat auf dem Urteil den Tag der Verkündung zu bemerken und diese Bemerkung zu unterschreiben.

§ 318

Das **Gericht** ist an die Entscheidung, welche in den von ihm erlassenen End- und Zwischenurteilen enthalten ist, **gebunden.**

§ 319

Schreibfehler, Rechnungsfehler und ähnliche offenbare Unrichtigkeiten, welche in dem Urteil vorkommen, sind jederzeit von dem Gericht auch von Amts wegen zu **berichtigen.**

Über die Berichtigung kann ohne vorgängige mündliche Verhandlung entschieden werden. Der Beschluß, welcher eine Berichtigung ausspricht, wird auf dem Urteil und den Ausfertigungen bemerkt.

Gegen den Beschluß, durch welchen der Antrag auf Berichtigung zurückgewiesen wird, findet kein Rechtsmittel, gegen den Beschluß, welcher eine Berichtigung ausspricht, findet sofortige Beschwerde statt.

§ 320

Enthält der Tatbestand des Urteils Unrichtigkeiten, welche nicht unter die Bestimmung des vorstehenden Paragraphen fallen, Auslassungen, Dunkelheiten oder Widersprüche, so kann die **Berichtigung** binnen einer einwöchigen Frist durch Zustellung eines Schriftsatzes beantragt werden.

Die Frist beginnt mit der Zustellung des in vollständiger Form abgefaßten Urteils. Der Antrag kann schon vor dem Beginne der Frist gestellt werden. Die Berichtigung des Tatbestandes ist ausgeschlossen, wenn sie nicht binnen drei Monaten seit der Verkündung des Urteils beantragt wird.

Der Schriftsatz muß den Antrag auf Berichtigung und die Ladung des Gegners zur mündlichen Verhandlung enthalten.

Das Gericht entscheidet ohne vorgängige Beweisaufnahme. Bei der Entscheidung wirken nur diejenigen Richter mit, welche bei dem Urteil mitgewirkt haben. Ist ein Richter verhindert, so gibt bei Stimmengleichheit die Stimme des Vorsitzenden und bei dessen Verhinderung die Stimme des ältesten Richters den Ausschlag. Eine Anfechtung des Beschlusses findet nicht statt. Der Beschluß, welcher eine Berichtigung ausspricht, wird auf dem Urteil und den Ausfertigungen bemerkt.

Die Berichtigung des Tatbestandes hat eine Änderung des übrigen Teils des Urteils nicht zur Folge.

§ 321

Wenn ein nach dem ursprünglich festgestellten oder nachträglich berichtigten Tatbestande von einer Partei geltend gemachter Haupt- oder Nebenanspruch oder wenn der Kostenpunkt bei der Endentscheidung ganz oder teilweise übergangen ist, so ist auf Antrag das **Urteil** durch nachträgliche Entscheidung zu **ergänzen.**

Die nachträgliche Entscheidung muß binnen einer einwöchigen Frist, welche mit der Zustellung des Urteils beginnt, durch Zustellung eines Schriftsatzes beantragt werden.

Der Schriftsatz muß den Antrag auf Ergänzung und die Ladung des Gegners zur mündlichen Verhandlung enthalten.

Die mündliche Verhandlung hat nur den nicht erledigten Teil des Rechtsstreits zum Gegenstande.

§ 323

Tritt im Falle der Verurteilung zu künftig fällig werdenden wiederkehrenden Leistungen eine wesentliche Änderung derjenigen Verhältnisse ein, welche für die Verurteilung zur Entrichtung der Leistungen, für die Bestimmung der Höhe der Leistungen oder der Dauer ihrer Entrichtung maßgebend waren, so ist jeder Teil berechtigt, im Wege der Klage eine entsprechende **Abänderung des Urteils** zu verlangen.

Die Klage ist nur insoweit zulässig, als die Gründe, auf welche sie gestützt wird, erst nach dem Schlusse der mündlichen Verhandlung, in der eine Erweiterung des Klagantrags oder die Geltendmachung von Einwendungen spätestens hätte erfolgen müssen, entstanden sind und durch Einspruch nicht mehr geltend gemacht werden können.

Die Abänderung des Urteils darf nur für die Zeit nach Erhebung der Klage erfolgen.

Die vorstehenden Bestimmungen finden entsprechende Anwendung auf die Schuldtitel des § 794 Nr. 1 und 5, soweit darin Leistungen der im Abs. 1 bezeichneten Art übernommen worden sind.

§ 328

Die Anerkennung des **Urteils eines ausländischen Gerichts** ist ausgeschlossen:

1. wenn die Gerichte des Staates, dem das ausländische Gericht angehört, nach den deutschen Gesetzen nicht zuständig sind;
2. wenn der unterlegene Beklagte ein Deutscher ist und sich auf den Prozeß nicht eingelassen hat, sofern die den Prozeß einleitende Ladung oder Verfügung ihm weder in dem Staate des Prozeßgerichts in Person noch durch Gewährung deutscher Rechtshilfe zugestellt ist;
3. wenn in dem Urteil zum Nachteil einer deutschen Partei von den Vorschriften des Artikel 13 Abs. 1, 3 oder der Artikel 17, 18, 22 des Einführungsgesetzes zum Bürgerlichen Gesetzbuch oder von der Vorschrift des auf den Artikel 13 Abs. 1 bezüglichen Teiles des Artikel 27 desselben Gesetzes oder im Falle des Artikel 9 Abs. 3 zum Nachteil der Ehefrau eines für tot erklärten Ausländers von der Vorschrift des Artikel 13 Abs. 2 abgewichen ist;
4. wenn die Anerkennung des Urteils gegen die guten Sitten oder gegen den Zweck eines deutschen Gesetzes verstoßen würde;
5. wenn die Gegenseitigkeit nicht verbürgt ist.

Die Vorschrift der Nr. 5 steht der Anerkennung des Urteils nicht entgegen, wenn das Urteil einen nicht vermögensrechtlichen Anspruch betrifft und nach den deutschen Gesetzen ein Gerichtsstand im Inland nicht begründet war.

§ 329

Die auf Grund einer mündlichen Verhandlung ergehenden **Beschlüsse** des Gerichts müssen **verkündet** werden.

Die Vorschriften der §§ 309, 310 finden auf Beschlüsse des Gerichts, die Vorschriften des § 312 und des § 317 Abs. 1, Abs. 2 Satz 1, Abs. 3 auf Beschlüsse des Gerichts und auf Verfügungen des Vorsitzenden sowie eines beauftragten oder ersuchten Richters entsprechende Anwendung.

Nicht verkündete Beschlüsse des Gerichts und nicht verkündete Verfügungen des Vorsitzenden und eines beauftragten oder ersuchten Richters sind den Parteien von Amts wegen zuzustellen.

Dritter Titel

Versäumnisurteil

§ 330

Erscheint der Kläger im Termin zur mündlichen Verhandlung **nicht,** so ist auf Antrag das Versäumnisurteil dahin zu erlassen, daß der Kläger mit der Klage abzuweisen sei.

§ 331

Beantragt der Kläger gegen den im Termin zur mündlichen Verhandlung **nicht erschienenen Beklagten** das Versäumnisurteil, so ist das tatsächliche mündliche Vorbringen des Klägers als zugestanden anzunehmen.

Soweit dasselbe den Klageantrag rechtfertigt, ist nach dem Antrag zu erkennen; soweit dies nicht der Fall, ist die Klage abzuweisen.

§ 331 a

Beim Ausbleiben einer Partei im Termin zur mündlichen Verhandlung kann der Gegner **statt eines Versäumnisurteils eine Entscheidung nach Lage der Akten** beantragen; dem Antrag ist zu entsprechen, wenn der Sachverhalt für eine derartige Entscheidung hinreichend geklärt erscheint. Die Vorschriften des § 251 a Abs. 1 Satz 2—4 finden entsprechende Anwendung.

§ 332

Als Verhandlungstermine im Sinne der vorstehenden Paragraphen sind auch diejenigen Termine anzusehen, auf welche die mündliche Verhandlung vertagt ist, oder welche zur Fortsetzung derselben vor oder nach dem Erlaß eines Beweisbeschlusses bestimmt sind.

§ 333

Als nicht erschienen ist auch diejenige Partei anzusehen, welche in dem Termin zwar erscheint, aber nicht verhandelt.

§ 334

Wenn eine Partei in dem Termin verhandelt, sich jedoch über Tatsachen, Urkunden oder Eideszuschiebungen nicht erklärt, so finden die Vorschriften dieses Titels keine Anwendung.

§ 335

Der Antrag auf Erlassung eines Versäumnisurteils oder einer Entscheidung nach Lage der Akten ist **zurückzuweisen:**

1. wenn die erschienene Partei die vom Gerichte wegen eines von Amts wegen zu berücksichtigenden Umstandes erforderte Nachweisung nicht zu beschaffen vermag;
2. wenn die nicht erschienene Partei nicht ordnungsmäßig, insbesondere nicht rechtzeitig geladen war;
3. wenn der nicht erschienenen Partei ein tatsächliches mündliches Vorbringen oder ein Antrag nicht rechtzeitig mittels Schriftsatzes mitgeteilt war.

Wird die Verhandlung vertagt, so ist die nicht erschienene Partei zu dem neuen Termin zu laden.

§ 336

Gegen den Beschluß, durch welchen der Antrag auf Erlassung des Versäumnisurteils zurückgewiesen wird, findet sofortige Beschwerde statt. Wird der Beschluß aufgehoben, so ist die nicht erschienene Partei zu dem neuen Termin nicht zu laden.

Die Ablehnung eines Antrags auf Entscheidung nach Lage der Akten ist unanfechtbar.

§ 337

Das Gericht kann von Amts wegen die Verhandlung über den Antrag auf Erlassung des Versäumnisurteils oder einer Entscheidung nach Lage der Akten **vertagen**, wenn es dafür hält, daß die von dem Vorsitzenden bestimmte Einlassungs- oder Ladungsfrist zu kurz bemessen, oder daß die Partei durch Naturereignisse oder durch andere unabwendbare Zufälle am Erscheinen verhindert worden sei. Die nicht erschienene Partei ist zu dem neuen Termin zu laden.

§ 338

Der Partei, gegen welche ein Versäumnisurteil erlassen ist, steht gegen dasselbe der **Einspruch** zu.

§ 339

Die **Einspruchsfrist** beträgt zwei Wochen; sie ist eine Notfrist und beginnt mit der Zustellung des Versäumnisurteils.

Muß die Zustellung im Ausland oder durch öffentliche Bekanntmachung erfolgen, so hat das Gericht die Einspruchsfrist im Versäumnisurteil oder nachträglich durch besonderen Beschluß, welcher ohne vorgängige mündliche Verhandlung erlassen werden kann, zu bestimmen.

§ 340

Die Einlegung des Einspruchs erfolgt durch Einreichung der **Einspruchsschrift** bei dem Prozeßgerichte.

Die Einspruchsschrift muß enthalten:

1. die Bezeichnung des Urteils, gegen welches der Einspruch gerichtet wird;
2. die Erklärung, daß gegen dieses Urteil Einspruch eingelegt werde.

Die Einspruchsschrift soll zugleich dasjenige enthalten, was zur Vorbereitung der Verhandlung über die Hauptsache erforderlich ist.

§ 340 a

Der Termin zur mündlichen Verhandlung über den Einspruch und die Hauptsache ist von Amts wegen zu bestimmen und den Parteien bekanntzumachen. Mit der Bekanntmachung ist der Gegenpartei die Einspruchsschrift von Amts wegen zuzustellen. Die erforderliche Zahl von beglaubigten Abschriften soll die Partei mit der Einspruchsschrift einreichen.

§ 341

Das Gericht hat **von Amts wegen zu prüfen,** ob der Einspruch an sich statthaft und ob er in der gesetzlichen Form und Frist eingelegt sei. Fehlt es an einem dieser Erfordernisse, so ist der Einspruch als unzulässig zu verwerfen.

§ 342

Ist der Einspruch zulässig, so wird der Prozeß in die Lage zurückversetzt, in welcher er sich vor Eintritt der Versäumnis befand.

§ 343

Insoweit die Entscheidung, welche auf Grund der neuen Verhandlung zu erlassen ist, mit der in dem Versäumnisurteil enthaltenen Entscheidung übereinstimmt, ist auszusprechen, daß diese Entscheidung aufrechtzuerhalten sei. Insoweit diese Voraussetzung nicht zutrifft, wird das Versäumnisurteil in dem neuen Urteil aufgehoben.

§ 344

Ist das Versäumnisurteil in gesetzlicher Weise ergangen, so sind die durch die Versäumnis veranlaßten Kosten, soweit sie nicht durch einen unbegründeten Widerspruch des Gegners entstanden sind, der säumigen Partei auch dann aufzuerlegen, wenn infolge des Einspruchs eine abändernde Entscheidung erlassen wird.

§ 345

Einer Partei, die den Einspruch eingelegt hat, aber in der zur mündlichen Verhandlung bestimmten Sitzung oder in derjenigen Sitzung, auf welche die Verhandlung vertagt ist, nicht erscheint oder nicht zur Hauptsache verhandelt, steht gegen das Versäumnisurteil, durch welches der **Einspruch verworfen** wird, ein weiterer Einspruch nicht zu.

§ 346

In betreff des Verzichts auf den Einspruch und der Zurücknahme desselben finden die Vorschriften über den Verzicht auf die Berufung und über die Zurücknahme derselben entsprechende Anwendung.

§ 347

Die Vorschriften dieses Titels finden auf das Verfahren, welches eine Widerklage oder die Bestimmung des Betrags eines dem Grunde nach bereits festgestellten Anspruchs zum Gegenstande hat, entsprechende Anwendung.

War ein Termin lediglich zur Verhandlung über einen Zwischenstreit bestimmt, so beschränkt sich das Versäumnisverfahren und das Versäumnisurteil auf die Erledigung dieses Zwischenstreits. Die Vorschriften dieses Titels finden entsprechende Anwendung.

Fünfter Titel

Allgemeine Bestimmungen über die Beweisaufnahme

§ 355

Die Beweisaufnahme erfolgt vor dem Prozeßgerichte. Sie ist nur in den durch dieses Gesetz bestimmten Fällen **einem Mitgliede des Prozeßgerichts** oder einem anderen Gerichte **zu übertragen.**

Eine Anfechtung des Beschlusses, durch welchen die eine oder die andere Art der Beweisaufnahme angeordnet wird, findet nicht statt.

§ 356

Steht der Aufnahme des Beweises ein **Hindernis** von ungewisser Dauer entgegen, so ist eine Frist zu bestimmen, nach deren fruchtlosem Ablaufe das Beweismittel nur benutzt werden kann, wenn dadurch das Verfahren nicht verzögert wird. Die Bestimmung der Frist kann ohne mündliche Verhandlung erfolgen.

§ 357

Den **Parteien** ist gestattet, der Beweisaufnahme beizuwohnen.

§ 357 a

Beschließt das Gericht eine Beweiserhebung, so soll die Aufnahme des Beweises, soweit dies tunlich ist, **sofort** erfolgen, insbesondere sollen Zeugen und Sachverständige, falls sie zur Stelle sind oder ihre unverzügliche Gestellung möglich ist, sofort vernommen werden. Ein Eid soll im Regelfalle nur dann sofort abgenommen werden, wenn seine Zuschiebung und seine Annahme schon in vorbereitenden Schriftsätzen erklärt waren.

§ 358

Erfordert die Beweisaufnahme ein besonderes Verfahren, so ist dasselbe durch **Beweisbeschluß** anzuordnen.

§ 359

Der Beweisbeschluß enthält:

1. die Bezeichnung der streitigen Tatsachen, über welche der Beweis zu erheben ist;
2. die Bezeichnung der Beweismittel unter Benennung der zu vernehmenden Zeugen und Sachverständigen;
3. die Bezeichnung der Partei, welche sich zum Nachweise oder zur Widerlegung tatsächlicher Behauptungen auf das Beweismittel berufen hat;
4. die Eidesnorm, wenn die Abnahme eines zugeschobenen oder zurückgeschobenen Eides angeordnet wird.

§ 360

Vor der Erledigung des **Beweisbeschlusses** kann keine Partei dessen **Änderung** auf Grund der früheren Verhandlungen verlangen. Das Gericht kann jedoch auf Antrag einer Partei oder von Amts wegen den Beweisbeschluß auch ohne erneute mündliche Verhandlung insoweit ändern, als der Gegner zustimmt oder es sich nur um die Berichtigung oder Ergänzung der im Beschluß angegebenen Beweistatsachen oder um die Vernehmung anderer als der im Beschluß angegebenen Zeugen oder Sachverständigen handelt. Die gleiche Befugnis hat der beauftragte oder ersuchte Richter. Die Parteien sind tunlichst vorher zu hören und in jedem Falle von der Änderung unverzüglich zu benachrichtigen.

§ 361

Soll die Beweisaufnahme durch ein Mitglied des Prozeßgerichts erfolgen, so wird bei der Verkündung des Beweisbeschlusses durch den Vorsitzenden **der beauftragte Richter bezeichnet** und der Termin zur Beweisaufnahme bestimmt.

Ist die Terminsbestimmung unterblieben, so erfolgt sie durch den beauftragten Richter; wird derselbe verhindert, den Auftrag zu vollziehen, so ernennt der Vorsitzende ein anderes Mitglied.

§ 365

Der beauftragte oder ersuchte Richter ist ermächtigt, falls sich später Gründe ergeben, welche die Beweisaufnahme **durch ein anderes Gericht** sachgemäß erscheinen lassen, dieses Gericht um die Aufnahme des Beweises zu ersuchen. Die Parteien sind von dieser Verfügung in Kenntnis zu setzen.

§ 366

Erhebt sich bei der Beweisaufnahme vor einem beauftragten oder ersuchten Richter ein **Streit**, von dessen Erledigung die Fortsetzung der Beweisaufnahme abhängig und zu dessen Entscheidung der Richter nicht berechtigt ist, so erfolgt die Erledigung durch das Prozeßgericht.

Der Termin zur mündlichen Verhandlung über den Zwischenstreit ist von Amts wegen zu bestimmen und den Parteien bekanntzumachen.

§ 367

Erscheint eine Partei oder erscheinen beide Parteien in dem Termine zur Beweisaufnahme **nicht**, so ist die Beweisaufnahme gleichwohl insoweit zu bewirken, als dies nach Lage der Sache geschehen kann.

Eine nachträgliche Beweisaufnahme oder eine Vervollständigung der Beweisaufnahme ist bis zum Schlusse derjenigen mündlichen Verhandlung, auf welche das Urteil ergeht, auf Antrag anzuordnen, wenn das Verfahren dadurch nicht verzögert wird oder wenn die Partei glaubhaft macht, daß sie ohne ihr Verschulden außerstande gewesen sei, in dem früheren Termin zu erscheinen, und im Falle des Antrags auf Vervollständigung, daß durch ihr Nichterscheinen eine wesentliche Unvollständigkeit der Beweisaufnahme veranlaßt sei.

§ 368

Wird ein **neuer Termin** zur Beweisaufnahme oder zur Fortsetzung derselben **erforderlich**, so ist dieser Termin, auch wenn der Beweisführer oder beide Parteien in dem früheren Termin nicht erschienen waren, von Amts wegen zu bestimmen.

§ 370

Erfolgt die Beweisaufnahme vor dem Prozeßgerichte, so ist der Termin, in welchem die Beweisaufnahme stattfindet, zugleich zur Fortsetzung der mündlichen Verhandlung bestimmt.

In dem Beweisbeschlusse, welcher anordnet, daß die Beweisaufnahme vor einem beauftragten oder ersuchten Richter erfolgen solle, kann zugleich der Termin zur Fortsetzung der mündlichen Verhandlung vor dem Prozeßgerichte bestimmt werden. Ist dies nicht geschehen, so wird nach Beendigung der Beweisaufnahme dieser Termin von Amts wegen bestimmt und den Parteien bekanntgemacht.

Sechster Titel

Beweis durch Augenschein

§ 371

Die Antretung des Beweises durch Augenschein erfolgt durch die Bezeichnung des Gegenstandes des Augenscheins und durch die Angabe der zu beweisenden Tatsachen.

§ 372

Das Prozeßgericht kann anordnen, daß bei der Einnahme des Augenscheins ein oder mehrere **Sachverständige** zuzuziehen seien.

Es kann einem Mitgliede des Prozeßgerichts oder einem anderen Gerichte die Einnahme des Augenscheins übertragen, auch die Ernennung der zuzuziehenden Sachverständigen überlassen.

Siebenter Titel

Zeugenbeweis

§ 373

Die Antretung des Zeugenbeweises erfolgt durch die Benennung der Zeugen und die Bezeichnung der Tatsachen, über welche die Vernehmung der Zeugen stattfinden soll.

§ 374

(fortgefallen).

§ 375

Die Aufnahme des Zeugenbeweises kann **einem Mitglied des Prozeßgerichts** oder einem anderen Gericht **übertragen** werden:

1. wenn zur Ausmittlung der Wahrheit die Vernehmung des Zeugen an Ort und Stelle dienlich erscheint;
2. wenn die Beweisaufnahme vor dem Prozeßgericht erheblichen Schwierigkeiten unterliegen würde;
3. wenn der Zeuge verhindert ist, vor dem Prozeßgerichte zu erscheinen;
4. wenn der Zeuge in großer Entfernung von dem Sitze des Prozeßgerichts sich aufhält.

Der Reichspräsident und der Präsident eines deutschen Landes sind durch ein Mitglied des Prozeßgerichts oder durch ein anderes Gericht in ihrer Wohnung zu vernehmen.

§ 376

Öffentliche Beamte, auch wenn sie nicht mehr im Dienste sind, dürfen über Umstände, auf welche sich ihre Pflicht zur Amtsverschwiegenheit bezieht, als Zeugen nur mit **Genehmigung ihrer vorgesetzten Dienstbehörde** oder der ihnen zuletzt vorgesetzt gewesenen Dienstbehörde vernommen werden. Für die Mitglieder einer Landesregierung bedarf es der Genehmigung der Landesregierung.

Die Genehmigung darf nur versagt werden, wenn die Ablegung des Zeugnisses dem Wohle des Reichs oder eines deutschen Landes Nachteil bereiten würde.

Für die Mitglieder der Reichsregierung gelten die Vorschriften des Reichsministergesetzes vom 27. März 1930 (Reichsgesetzbl. I S. 96).

Die Genehmigung ist durch das Prozeßgericht einzuholen und dem Zeugen bekanntzumachen.

Der Reichspräsident und der Präsident eines deutschen Landes können unter der Voraussetzung des Abs. 2 das Zeugnis verweigern. **Dies gilt auch für einen früheren Präsidenten, soweit es sich um Tatsachen handelt, die sich während seiner Amtsführung ereignet haben oder die ihm infolge seiner Amtsführung bekanntgeworden sind.**

§ 377

Die Ladung der Zeugen ist von der Geschäftsstelle unter Bezugnahme auf den Beweisbeschluß auszufertigen und von Amts wegen zuzustellen. Das Gericht kann statt der Zustellung eine andere Form der Benachrichtigung anordnen.

Die Ladung muß enthalten:

1. die Bezeichnung der Parteien;
2. den Gegenstand der Vernehmung;
3. die Anweisung, zur Ablegung des Zeugnisses bei Vermeidung der durch das Gesetz angedrohten Strafen in dem nach Zeit und Ort zu bezeichnenden Termin zu erscheinen.

Bildet den Gegenstand der Vernehmung eine Auskunft, die der Zeuge voraussichtlich an der Hand seiner Bücher oder anderer Aufzeichnungen zu geben hat, so kann das Gericht anordnen, daß der Zeuge zum Termin nicht zu erscheinen braucht, wenn er vorher eine **schriftliche Beantwortung** der Beweisfrage unter eidesstattlicher Versicherung ihrer Richtigkeit einreicht.

Das gleiche kann auch in anderen Fällen geschehen, sofern das Gericht nach Lage der Sache, insbesondere mit Rücksicht auf den Inhalt der Beweisfrage, eine schriftliche Erklärung des Zeugen für ausreichend erachtet und die Parteien damit einverstanden sind.

§ 379

Das Gericht kann die Ladung davon abhängig machen, daß der Beweisführer einen **Vorschuß** zur Deckung der Staatskasse wegen der durch die Vernehmung des Zeugen erwachsenden Auslagen hinterlegt.

Erfolgt die Hinterlegung nicht binnen der bestimmten Frist, so unterbleibt die Ladung, wenn die Hinterlegung nicht so zeitig nachgeholt wird, daß die Vernehmung ohne Verzögerung des Verfahrens erfolgen kann.

§ 380

Ein ordnungsmäßig geladener **Zeuge, welcher nicht erscheint,** ist, ohne daß es eines Antrags bedarf, in die durch das Ausbleiben verursachten Kosten sowie zu einer Ordnungsstrafe in Geld und für den Fall, daß diese nicht beigetrieben werden kann, zur Strafe der Haft bis zu sechs Wochen zu verurteilen.

Im Falle wiederholten Ausbleibens ist die Strafe noch einmal zu erkennen, auch kann die zwangsweise Vorführung des Zeugen angeordnet werden. Angehörige der Reichswehr werden durch die Militärbehörde vorgeführt.

Gegen diese Beschlüsse findet die Beschwerde statt.

§ 381

Die Verurteilung in Strafe und Kosten sowie die Anordnung der zwangsweisen Vorführung unterbleiben, wenn das Ausbleiben des Zeugen **genügend entschuldigt** ist. Erfolgt nachträglich genügende Entschuldigung, so werden die gegen den Zeugen getroffenen Anordnungen wieder aufgehoben.

Die Anzeigen und Gesuche des Zeugen können schriftlich oder zum Protokoll der Geschäftsstelle oder mündlich in dem zur Vernehmung bestimmten neuen Termin angebracht werden.

§ 383

Zur Verweigerung des Zeugnisses sind berechtigt:

1. der Verlobte einer Partei;

2. der Ehegatte einer Partei, auch wenn die Ehe nicht mehr besteht;
3. diejenigen, welche mit einer Partei in gerader Linie **verwandt,** verschwägert oder durch Adoption verbunden oder in der Seitenlinie bis zum dritten Grade verwandt oder bis zum zweiten Grade verschwägert sind, auch wenn die Ehe, durch welche die Schwägerschaft begründet ist, nicht mehr besteht;
4. Geistliche in Ansehung desjenigen, was ihnen bei der Ausübung der Seelsorge anvertraut ist;
5. Personen, welchen kraft ihres Amtes, Standes oder Gewerbes Tatsachen anvertraut sind, deren **Geheimhaltung** durch die Natur derselben oder durch gesetzliche Vorschrift geboten ist, in betreff der Tatsachen, auf welche die Verpflichtung zur Verschwiegenheit sich bezieht.

Die unter Nr. 1—3 bezeichneten Personen sind vor der Vernehmung über ihr Recht zur Verweigerung des Zeugnisses zu belehren.

Die Vernehmung der unter Nr. 4, 5 bezeichneten Personen ist, auch wenn das Zeugnis nicht verweigert wird, auf Tatsachen nicht zu richten, in Ansehung welcher erhellt, daß ohne Verletzung der Verpflichtung zur Verschwiegenheit ein Zeugnis nicht abgelegt werden kann.

§ 384

Das Zeugnis kann verweigert werden:

1. über Fragen, deren Beantwortung dem Zeugen oder einer Person, zu welcher derselbe in einem der im § 383 Nr. 1—3 bezeichneten Verhältnisse steht, einen unmittelbaren **vermögensrechtlichen Schaden** verursachen würde;
2. über Fragen, deren Beantwortung dem Zeugen oder einem der im § 383 Nr. 1—3 bezeichneten Angehörigen desselben zur **Unehre** gereichen oder die Gefahr strafgerichtlicher Verfolgung zuziehen würde;
3. über Fragen, welche der Zeuge nicht würde beantworten können, ohne ein Kunst- oder Gewerbe**geheimnis** zu offenbaren.

§ 385

In den Fällen des § 383 Nr. 1—3 und des § 384 Nr. 1 **darf** der Zeuge das Zeugnis **nicht verweigern:**

1. über die Errichtung und den Inhalt eines Rechtsgeschäfts, bei dessen Errichtung er als Zeuge zugezogen war;
2. über Geburten, Verheiratungen oder Sterbefälle von Familienmitgliedern;
3. über Tatsachen, welche die durch das Familienverhältnis bedingten Vermögensangelegenheiten betreffen;
4. über diejenigen auf das streitige Rechtsverhältnis sich beziehenden Handlungen, welche von ihm selbst als Rechtsvorgänger oder Vertreter einer Partei vorgenommen sein sollen.

Die im § 383 Nr. 4, 5 bezeichneten Personen dürfen das Zeugnis nicht verweigern, wenn sie von der Verpflichtung zur Verschwiegenheit entbunden sind.

§ 386

Der Zeuge, welcher das Zeugnis verweigert, hat vor dem zu seiner Vernehmung bestimmten Termin schriftlich oder zum Protokoll der Geschäftsstelle oder in diesem Termin die Tatsachen, auf welche er die Weigerung gründet, anzugeben und glaubhaft zu machen.

Zur Glaubhaftmachung genügt in den Fällen des § 383 Nr. 4, 5 die mit Berufung auf einen geleisteten Diensteid abgegebene Versicherung.

Hat der Zeuge seine Weigerung schriftlich oder zum Protokoll der Geschäftsstelle erklärt, so ist er nicht verpflichtet, in dem zu seiner Vernehmung bestimmten Termin zu erscheinen.

Von dem Eingang einer Erklärung des Zeugen oder von der Aufnahme einer solchen zum Protokoll hat der Urkundsbeamte der Geschäftsstelle die Parteien zu benachrichtigen.

§ 387

Über die Rechtmäßigkeit der Weigerung wird von dem Prozeßgerichte nach Anhörung der Parteien entschieden.

Der Zeuge ist nicht verpflichtet, sich durch einen Anwalt vertreten zu lassen.

Gegen das Zwischenurteil findet sofortige Beschwerde statt.

§ 388

Hat der Zeuge seine Weigerung schriftlich oder zum Protokoll der Geschäftsstelle erklärt und ist er in dem Termin nicht erschienen, so hat auf Grund seiner Erklärungen ein Mitglied des Prozeßgerichts Bericht zu erstatten.

§ 389

Erfolgt die **Weigerung vor einem beauftragten** oder ersuchten **Richter,** so sind die Erklärungen des Zeugen, wenn sie nicht schriftlich oder zum Protokoll der Geschäftsstelle abgegeben sind, nebst den Erklärungen der Parteien in das Protokoll aufzunehmen.

Zur mündlichen Verhandlung vor dem Prozeßgerichte werden der Zeuge und die Parteien von Amts wegen geladen.

Auf Grund der von dem Zeugen und den Parteien abgegebenen Erklärungen hat ein Mitglied des Prozeßgerichts Bericht zu erstatten. Nach dem Vortrag des Berichterstatters können der Zeuge und die Parteien zur Begründung ihrer Anträge das Wort nehmen; neue Tatsachen oder Beweismittel dürfen nicht geltend gemacht werden.

§ 390

Wird das Zeugnis oder die Eidesleistung ohne Angabe eines Grundes oder, nachdem der vorgeschützte Grund rechtskräftig für unerheblich erklärt ist, verweigert, so ist der Zeuge, ohne daß es eines Antrags bedarf, in die durch die Weigerung verursachten Kosten sowie zu einer Ordnungsstrafe in Geld und für den Fall, daß diese nicht beigetrieben werden kann, zur Strafe der Haft bis zu sechs Wochen zu verurteilen.

Im Falle wiederholter Weigerung ist auf Antrag zur Erzwingung des Zeugnisses die Haft anzuordnen, jedoch nicht über den Zeitpunkt der Beendigung des Prozesses in der Instanz hinaus. Die Vorschriften über die Haft im Zwangsvollstreckungsverfahren finden entsprechende Anwendung.

Gegen diese Beschlüsse findet die Beschwerde statt.

§ 391

Jeder Zeuge ist, soweit nicht ein anderes bestimmt ist, zu **beeidigen.** Die Parteien können auf die Beeidigung verzichten.

§ 392

Die Beeidigung erfolgt **nach** der Vernehmung. Mehrere Zeugen können gleichzeitig beeidigt werden. Die Eidesnorm geht dahin, daß der Zeuge nach bestem Wissen die reine Wahrheit gesagt und nichts verschwiegen habe.

§ 393

Unbeeidigt sind zu vernehmen:

1. Personen, welche zur Zeit der Vernehmung das sechzehnte Lebensjahr noch nicht vollendet oder wegen mangelnder Verstandesreife oder wegen Verstandesschwäche von dem Wesen und der Bedeutung des Eides keine genügende Vorstellung haben;
2. Personen, welche nach den Bestimmungen der Strafgesetze unfähig sind, als Zeugen eidlich vernommen zu werden;
3. die nach § 383 Nr. 1—3 und § 384 Nr. 1, 2 zur Verweigerung des Zeugnisses berechtigten Personen, sofern sie von diesem Rechte keinen Gebrauch machen, die im § 384 Nr. 1, 2 bezeichneten Personen jedoch nur dann, wenn sie lediglich über solche Tatsachen vorgeschlagen sind, auf welche sich das Recht zur Verweigerung des Zeugnisses bezieht;
4. Personen, welche ein rechtliches Interesse daran haben, daß in dem Rechtsstreite die eine Partei obsiege, Personen, welche einen in dem Rechtsstreite geltend gemachten Anspruch übertragen haben, auch dann, wenn sie zur Gewährleistung nicht verpflichtet sind.

Das Prozeßgericht kann die Beeidigung der unter den beiden letzten Nummern bezeichneten Personen anordnen.

§ 394

Jeder Zeuge ist einzeln und in Abwesenheit der später abzuhörenden Zeugen zu vernehmen.

Zeugen, deren Aussagen sich widersprechen, können einander gegenübergestellt werden.

§ 395

Die Vernehmung beginnt damit, daß der Zeuge über Vornamen und Zunamen, Alter, Stand oder Gewerbe und Wohnort befragt wird. Erforderlichenfalls sind ihm Fragen über solche Umstände, welche seine Glaubwürdigkeit in der vorliegenden Sache betreffen, insbesondere über seine Beziehungen zu den Parteien vorzulegen.

§ 396

Der Zeuge ist zu veranlassen, dasjenige, was ihm von dem Gegenstande seiner Vernehmung bekannt ist, **im Zusammenhang anzugeben.**

Zur Aufklärung und zur Vervollständigung der Aussage, sowie zur Erforschung des Grundes, auf welchem die Wissenschaft des Zeugen beruht, sind nötigenfalls weitere Fragen zu stellen.

Der Vorsitzende hat jedem Mitglied des Gerichts auf Verlangen zu gestatten, Fragen zu stellen.

§ 397

Die **Parteien** sind berechtigt, dem Zeugen diejenigen **Fragen** vorlegen zu lassen, welche sie zur Aufklärung der Sache oder der Verhältnisse des Zeugen für dienlich erachten.

Der Vorsitzende kann den Parteien gestatten, und hat ihren Anwälten auf Verlangen zu gestatten, an den Zeugen unmittelbar Fragen zu richten.

Zweifel über die Zulässigkeit einer Frage entscheidet das Gericht.

§ 398

Das Prozeßgericht kann nach seinem Ermessen die **wiederholte Vernehmung** eines Zeugen anordnen.

Hat ein beauftragter oder ersuchter Richter bei der Vernehmung die Stellung der von einer Partei angeregten Frage verweigert, so kann das Prozeßgericht die nachträgliche Vernehmung des Zeugen über diese Frage anordnen.

Bei der wiederholten oder der nachträglichen Vernehmung kann der Richter statt der nochmaligen Beeidigung den Zeugen die Richtigkeit seiner Aussage unter Berufung auf den früher geleisteten Eid versichern lassen.

§ 399

Die Partei kann **auf einen Zeugen,** welchen sie vorgeschlagen hat, **verzichten,** der Gegner kann aber verlangen, daß der erschienene Zeuge vernommen und, wenn die Vernehmung bereits begonnen hat, daß dieselbe fortgesetzt werde.

§ 400

Der mit der Beweisaufnahme betraute Richter ist ermächtigt, im Falle des **Nichterscheinens oder** der **Zeugnisverweigerung** die gesetzlichen Verfügungen zu treffen, auch dieselben, soweit dieses überhaupt zulässig ist, selbst nach Erledigung des Auftrags wieder aufzuheben, über die Zulässigkeit einer dem Zeugen vorgelegten Frage vorläufig zu entscheiden und die nochmalige Vernehmung eines Zeugen vorzunehmen.

§ 401

Jeder Zeuge hat nach Maßgabe der Gebührenordnung auf **Entschädigung** für Zeitversäumnis und, wenn sein Erscheinen eine Reise erforderlich macht, auf Erstattung der Kosten Anspruch, welche durch die Reise und den Aufenthalt am Orte der Vernehmung verursacht werden.

Bei schriftlicher Beantwortung der Beweisfrage (§ 377 Abs. 3, 4) hat der Zeuge Anspruch auf Erstattung der ihm durch die Beantwortung entstandenen Auslagen.

Achter Titel

Beweis durch Sachverständige

§ 402

Auf den Beweis durch Sachverständige finden die Vorschriften über den Beweis durch Zeugen entsprechende Anwendung, insoweit nicht in den nachfolgenden Paragraphen abweichende Bestimmungen enthalten sind.

§ 403

Die Antretung des Beweises erfolgt durch die Bezeichnung der zu begutachtenden Punkte.

§ 404

Die **Auswahl** der zuzuziehenden Sachverständigen und die Bestimmung ihrer Anzahl erfolgt durch das Prozeßgericht. Dasselbe kann sich auf die Ernennung eines einzigen Sachverständigen beschränken. Es kann an Stelle der zuerst ernannten Sachverständigen andere ernennen.

Sind für gewisse Arten von Gutachten Sachverständige öffentlich bestellt, so sollen andere Personen nur dann gewählt werden, wenn besondere Umstände es erfordern.

Das Gericht kann die Parteien auffordern, Personen zu bezeichnen, welche geeignet sind, als Sachverständige vernommen zu werden.

Einigen sich die Parteien über bestimmte Personen als Sachverständige, so hat das Gericht dieser Einigung Folge zu geben; das Gericht kann jedoch die Wahl der Parteien auf eine bestimmte Anzahl beschränken.

§ 405

Das Prozeßgericht kann den mit der Beweisaufnahme **betrauten Richter** zur Ernennung der Sachverständigen ermächtigen. Derselbe hat in diesem Falle die in dem vorstehenden Paragraphen dem Prozeßgerichte beigelegten Befugnisse auszuüben.

§ 406

Ein Sachverständiger kann aus denselben Gründen, welche zur **Ablehnung** eines Richters berechtigen, abgelehnt werden. Ein Ablehnungsgrund kann jedoch nicht daraus entnommen werden, daß der Sachverständige als Zeuge vernommen worden ist.

Das Ablehnungsgesuch ist bei demjenigen Gericht oder Richter, von welchem die Ernennung des Sachverständigen erfolgt ist, vor der Vernehmung desselben, bei schriftlicher Begutachtung vor erfolgter Einreichung des Gutachtens anzubringen. Nach diesem Zeitpunkt ist die Ablehnung nur zulässig, wenn glaubhaft gemacht wird, daß der Ablehnungsgrund vorher nicht geltend gemacht werden konnte. Das Ablehnungsgesuch kann vor der Geschäftsstelle zu Protokoll erklärt werden.

Der Ablehnungsgrund ist glaubhaft zu machen; zur Versicherung an Eides Statt darf die Partei nicht zugelassen werden.

Die Entscheidung erfolgt von dem im zweiten Absatz bezeichneten Gericht oder Richter; eine vorgängige mündliche Verhandlung der Beteiligten ist nicht erforderlich.

Gegen den Beschluß, durch welchen die Ablehnung für begründet erklärt wird, findet kein Rechtsmittel, gegen den Beschluß, durch welchen dieselbe für unbegründet erklärt wird, findet sofortige Beschwerde statt.

§ 407

Der zum Sachverständigen Ernannte hat der Ernennung Folge zu leisten, wenn er zur Erstattung von Gutachten der erforderten Art öffentlich bestellt ist oder wenn er die Wissenschaft, die Kunst oder das Gewerbe, deren Kenntnis Voraussetzung der Begutachtung ist, öffentlich zum Erwerbe ausübt oder wenn er zur Ausübung derselben öffentlich bestellt oder ermächtigt ist.

Zur Erstattung des Gutachtens ist auch derjenige verpflichtet, welcher sich zu derselben vor Gericht bereiterklärt hat.

§ 408

Dieselben Gründe, welche einen Zeugen berechtigen, das Zeugnis zu verweigern, berechtigen einen Sachverständigen zur **Verweigerung des Gutachtens.** Das Gericht kann auch aus anderen Gründen einen Sachverständigen von der Verpflichtung zur Erstattung des Gutachtens entbinden.

Die Vernehmung eines öffentlichen Beamten als Sachverständigen findet nicht statt, wenn die vorgesetzte Behörde des Beamten erklärt, daß die Vernehmung den dienstlichen Interessen Nachteile bereiten würde. Für die Mitglieder einer Landesregierung wird diese Erklärung von der Landesregierung abgegeben. Für die Mitglieder der Reichsregierung gelten die Vorschriften des Reichsministergesetzes vom 27. März 1930 (Reichsgesetzbl. I S. 96).

Wer bei einer richterlichen Entscheidung mitgewirkt hat, soll über Fragen, die den Gegenstand der Entscheidung gebildet haben, nicht als Sachverständiger vernommen werden.

§ 409

Im Falle des **Nichterscheinens** oder der Weigerung eines zur Erstattung des Gutachtens verpflichteten Sachverständigen wird dieser zum Ersatze der Kosten und zu einer Ordnungsstrafe in Geld verurteilt. Im Falle wiederholten Ungehorsams kann die Strafe noch einmal erkannt werden.

Gegen den Beschluß findet Beschwerde statt.

§ 410

Die **Beeidigung** des Sachverständigen erfolgt vor oder nach Erstattung des Gutachtens. Die Eidesnorm geht dahin, daß der Sachverständige das von ihm erforderte Gutachten unparteiisch und nach bestem Wissen und Gewissen erstatten werde oder erstattet habe.

Ist der Sachverständige für die Erstattung von Gutachten der betreffenden Art im allgemeinen beeidigt, so genügt die Berufung auf den geleisteten Eid; sie kann auch in einem schriftlichen Gutachten erklärt werden.

§ 411

Wird **schriftliche Begutachtung** angeordnet, so hat der Sachverständige das von ihm unterschriebene Gutachten auf der Geschäftsstelle niederzulegen. Das Gericht kann ihm hierzu eine Frist bestimmen.

Versäumt ein zur Erstattung des Gutachtens verpflichteter Sachverständiger die Frist, so kann er zu einer Ordnungsstrafe in Geld verurteilt werden. Der Straffestsetzung muß eine Strafandrohung unter Setzung einer Nachfrist vorausgehen. Im Falle wiederholter Fristversäumnis kann die Strafe in der gleichen Weise noch einmal erkannt werden. § 409 Abs. 2 findet entsprechende Anwendung.

Das Gericht kann das Erscheinen des Sachverständigen anordnen, damit derselbe das schriftliche Gutachten erläutere.

§ 412

Das Gericht kann eine neue Begutachtung durch dieselben oder durch andere Sachverständige anordnen, wenn es das **Gutachten** für **ungenügend** erachtet.

Das Gericht kann die Begutachtung durch einen anderen Sachverständigen anordnen, wenn ein Sachverständiger nach Erstattung des Gutachtens mit Erfolg abgelehnt ist.

§ 413

Der Sachverständige hat nach Maßgabe der Gebührenordnung auf Entschädigung für Zeitversäumnis, auf Erstattung der ihm verursachten

Kosten und außerdem auf angemessene Vergütung seiner Mühewaltung Anspruch.

§ 414

Insoweit zum Beweise vergangener Tatsachen oder Zustände, zu deren Wahrnehmung eine besondere Sachkunde erforderlich war, **sachkundige Personen** zu vernehmen sind, kommen die Vorschriften über den **Zeugen**beweis zur Anwendung.

Neunter Titel

Beweis durch Urkunden

§ 415

Urkunden, welche von einer öffentlichen Behörde innerhalb der Grenzen ihrer Amtsbefugnisse oder von einer mit öffentlichem Glauben versehenen Person innerhalb des ihr zugewiesenen Geschäftskreises in der vorgeschriebenen Form aufgenommen sind **(öffentliche Urkunden)**, begründen, wenn sie über eine vor der Behörde oder der Urkundsperson abgegebene Erklärung errichtet sind, vollen Beweis des durch die Behörde oder die Urkundsperson beurkundeten Vorganges.

Der Beweis, daß der Vorgang unrichtig beurkundet sei, ist zulässig.

§ 416

Privaturkunden begründen, sofern sie von den Ausstellern unterschrieben oder mittels gerichtlich oder notariell beglaubigten Handzeichens unterzeichnet sind, vollen Beweis dafür, daß die in denselben enthaltenen Erklärungen von den Ausstellern abgegeben sind.

§ 417

Die von einer Behörde ausgestellten, eine amtliche Anordnung, Verfügung oder Entscheidung enthaltenden öffentlichen Urkunden begründen vollen Beweis ihres Inhalts.

§ 418

Öffentliche Urkunden, welche einen anderen als den in den §§ 415, 417 bezeichneten Inhalt haben, begründen vollen Beweis der darin bezeugten Tatsachen.

Der Beweis der Unrichtigkeit der bezeugten Tatsachen ist zulässig, sofern nicht die Landesgesetze diesen Beweis ausschließen oder beschränken.

Beruht das Zeugnis nicht auf eigener Wahrnehmung der Behörde oder der Urkundsperson, so findet die Vorschrift des ersten Absatzes nur dann Anwendung, wenn sich aus den Landesgesetzen ergibt, daß die Beweiskraft des Zeugnisses von der eigenen Wahrnehmung unabhängig ist.

§ 419

Inwiefern **Durchstreichungen,** Radierungen, Einschaltungen oder sonstige äußere Mängel die Beweiskraft einer Urkunde ganz oder teilweise aufheben oder mindern, entscheidet das Gericht nach freier Überzeugung.

§ 420

Die Antretung des Beweises erfolgt durch die **Vorlegung der Urkunde.**

§ 421

Befindet sich die Urkunde nach der Behauptung des Beweisführers in den Händen des Gegners, so erfolgt die Antretung des Beweises durch den Antrag, dem Gegner die Vorlegung der Urkunde aufzugeben.

§ 422

Der Gegner ist zur Vorlegung der Urkunde verpflichtet, wenn der Beweisführer nach den Vorschriften des bürgerlichen Rechts die Herausgabe oder die Vorlegung der Urkunde verlangen kann.

§ 423

Der Gegner ist auch zur Vorlegung derjenigen in seinen Händen befindlichen Urkunden verpflichtet, auf welche er im Prozeß zur Beweisführung Bezug genommen hat, selbst wenn dieses nur in einem vorbereitenden Schriftsatz geschehen ist.

§ 424

Der Antrag soll enthalten:

1. die Bezeichnung der Urkunde;
2. die Bezeichnung der Tatsachen, welche durch die Urkunde bewiesen werden sollen;
3. die möglichst vollständige Bezeichnung des Inhalts der Urkunde;
4. die Angabe der Umstände, auf welche die Behauptung sich stützt, daß die Urkunde sich in dem Besitze des Gegners befindet;
5. die Bezeichnung des Grundes, welcher die Verpflichtung zur Vorlegung der Urkunde ergibt. Der Grund ist glaubhaft zu machen.

§ 425

Erachtet das Gericht die Tatsache, welche durch die Urkunde bewiesen werden soll, für erheblich und den Antrag für begründet, so ordnet es, wenn der Gegner zugesteht, daß die Urkunde sich in seinen Händen befinde, oder wenn der Gegner sich über den Antrag nicht erklärt, die Vorlegung der Urkunde an.

§ 426

Bestreitet der Gegner, daß die Urkunde sich in seinem Besitze befinde, so hat er einen Eid dahin zu leisten:

daß er nach sorgfältiger Nachforschung die Überzeugung erlangt habe, daß die Urkunde in seinem Besitze sich nicht befinde, daß er die Urkunde nicht in der Absicht abhanden gebracht habe, deren Benutzung dem Beweisführer zu entziehen, daß er auch nicht wisse, wo die Urkunde sich befinde.

Das Gericht kann eine der Lage der Sache entsprechende Änderung der vorstehenden Eidesnorm beschließen.

Auf die Leistung des Eides durch Streitgenossen, gesetzliche Vertreter und die im § 473 Abs. 2, 3 bezeichneten Personen finden die Vorschriften der §§ 472—474 entsprechende Anwendung.

Hat eine öffentliche Behörde Urkunden vorzulegen, so wird der Eid von dem Beamten geleistet, welchem die Verwahrung der Urkunden übertragen ist.

§ 427

Kommt der Gegner der Anordnung, die Urkunde vorzulegen oder den Eid zu leisten, nicht nach, so ist, wenn der Beweisführer eine Abschrift der Urkunde beigebracht hat, diese **Abschrift als richtig anzusehen.** Ist eine Abschrift der Urkunde nicht beigebracht, so können die Behauptungen des Beweisführers über die Beschaffenheit und den Inhalt der Urkunde als bewiesen angenommen werden.

§ 428

Befindet sich die **Urkunde** nach der Behauptung des Beweisführers **in den Händen eines Dritten,** so erfolgt die Antretung des Beweises durch den Antrag, zur Herbeischaffung der Urkunde eine Frist zu bestimmen.

§ 429

Der Dritte ist aus denselben Gründen wie der Gegner des Beweisführers zur Vorlegung einer Urkunde verpflichtet; er kann zur Vorlegung nur im Wege der Klage genötigt werden.

§ 430

Zur Begründung des nach § 428 zu stellenden Antrags hat der Beweisführer den Erfordernissen des § 424 Nr. 1—3, 5 zu genügen und außerdem glaubhaft zu machen, daß die Urkunde sich in den Händen des Dritten befinde.

§ 431

Ist die Tatsache, welche durch die Urkunde bewiesen werden soll, erheblich und der Antrag den Bestimmungen des vorstehenden Paragraphen entsprechend, so hat das Gericht eine **Frist** zur Vorlegung der Urkunde zu bestimmen. Die Bestimmung der Frist kann ohne mündliche Verhandlung erfolgen.

Der Gegner kann die Fortsetzung des Verfahrens vor dem Ablauf der Frist beantragen, wenn die Klage gegen den Dritten erledigt ist oder wenn der Beweisführer die Erhebung der Klage oder die Betreibung des Prozesses oder der Zwangsvollstreckung verzögert.

§ 432

Befindet sich die **Urkunde** nach der Behauptung des Beweisführers **in den Händen einer öffentlichen Behörde** oder eines öffentlichen Beamten, so erfolgt die Antretung des Beweises durch den Antrag, die Behörde oder den Beamten um die Mitteilung der Urkunde zu ersuchen.

Diese Vorschrift findet auf Urkunden, welche die Parteien nach den gesetzlichen Vorschriften ohne Mitwirkung des Gerichts zu beschaffen imstande sind, keine Anwendung.

Verweigert die Behörde oder der Beamte die Mitteilung der Urkunde in Fällen, in welchen eine Verpflichtung zur Vorlegung auf § 422 gestützt wird, so finden die Bestimmungen der §§ 428—431 Anwendung.

§ 433

(fortgefallen.)

§ 434

Wenn die Vorlegung einer Urkunde bei der mündlichen Verhandlung wegen erheblicher Hindernisse nicht erfolgen kann oder wegen der Wichtigkeit der Urkunde und der Besorgnis des Verlustes oder der Beschädigung bedenklich erscheint, so kann das Prozeßgericht anordnen, daß die **Vorlegung vor einem seiner Mitglieder** oder vor einem anderen Gerichte geschehe.

§ 435

Eine öffentliche Urkunde kann in Urschrift oder in einer beglaubigten Abschrift, welche hinsichtlich der Beglaubigung die Erfordernisse einer öffentlichen Urkunde an sich trägt, vorgelegt werden; das Gericht kann jedoch anordnen, daß der Beweisführer die **Urschrift** vorlege oder die Tatsachen angebe und glaubhaft mache, welche ihn an der Vorlegung der Urschrift verhindern. Bleibt die Anordnung erfolglos, so entscheidet das Gericht nach freier Überzeugung, welche Beweiskraft der beglaubigten Abschrift beizulegen sei.

§ 436

Der Beweisführer kann nach erfolgter Vorlegung einer Urkunde nur mit Zustimmung des Gegners auf dieses Beweismittel **verzichten.**

§ 437

Urkunden, welche nach Form und Inhalt als von einer öffentlichen Behörde oder von einer mit öffentlichem Glauben versehenen Person errichtet sich darstellen, haben die **Vermutung der Echtheit** für sich.

Das Gericht kann, wenn es die Echtheit für zweifelhaft hält, auch von Amts wegen die Behörde oder die Person, von welcher die Urkunde errichtet sein soll, zu einer Erklärung über die Echtheit veranlassen.

§ 438

Ob eine Urkunde, welche als von einer **ausländischen** Behörde oder von einer mit öffentlichem Glauben versehenen Person des Auslandes errichtet sich darstellt, ohne näheren Nachweis als echt anzusehen sei, hat das Gericht nach den Umständen des Falles zu ermessen.

Zum Beweise der Echtheit einer solchen Urkunde genügt die Legalisation durch einen Konsul oder Gesandten des Reichs.

§ 439

Über die **Echtheit einer Privaturkunde** hat sich der Gegner des Beweisführers nach Vorschrift des § 138 zu erklären.

Befindet sich unter der Urkunde eine Namensunterschrift, so ist die Erklärung auf die Echtheit der Unterschrift zu richten.

Erfolgt die Erklärung nicht, so ist die Urkunde als anerkannt anzusehen, wenn nicht die Absicht, die Echtheit bestreiten zu wollen, aus den übrigen Erklärungen der Partei hervorgeht.

§ 440

Die Echtheit einer nicht anerkannten Privaturkunde ist zu **beweisen.**

Steht die Echtheit der Namensunterschrift fest oder ist das unter einer Urkunde befindliche Handzeichen gerichtlich oder notariell beglaubigt, so hat die über der Unterschrift oder dem Handzeichen stehende Schrift die Vermutung der Echtheit für sich.

§ 441

Der Beweis der Echtheit oder Unechtheit einer Urkunde kann auch durch **Schriftvergleichung** geführt werden.

In diesem Falle hat der Beweisführer zur Vergleichung geeignete Schriften vorzulegen oder deren Mitteilung in Gemäßheit der Bestimmung des § 432 zu beantragen und erforderlichenfalls den Beweis der Echtheit derselben anzutreten.

Befinden sich zur Vergleichung geeignete Schriften in den Händen des Gegners, so ist dieser auf Antrag des Beweisführers zur Vorlegung verpflichtet. Die Bestimmungen der §§ 421—426 finden entsprechende Anwendung. Kommt der Gegner der Anordnung, die zur Vergleichung geeigneten Schriften vorzulegen oder den im § 426 bestimmten Eid zu leisten, nicht nach, so gilt der Echtheitsbeweis als geführt.

Macht der Beweisführer glaubhaft, daß in den Händen eines Dritten geeignete Vergleichungsschriften sich befinden, deren Vorlegung er im Wege der Klage zu erwirken imstande sei, so finden die Vorschriften des § 431 entsprechende Anwendung.

§ 442

Über das Ergebnis der Schriftvergleichung hat das Gericht nach freier Überzeugung, geeignetenfalls nach Anhörung von Sachverständigen, zu entscheiden.

§ 443

Urkunden, deren Echtheit bestritten ist oder deren Inhalt verändert sein soll, werden bis zur Erledigung des Rechtsstreits auf der Geschäftsstelle verwahrt, sofern nicht ihre Auslieferung an eine andere Behörde im Interesse der öffentlichen Ordnung erforderlich ist.

§ 444

Ist eine Urkunde von einer Partei in der Absicht, deren Benutzung dem Gegner zu entziehen, beseitigt oder zur Benutzung untauglich gemacht, so können die Behauptungen des Gegners über die Beschaffenheit und den Inhalt der Urkunde als bewiesen angesehen werden.

Zehnter Titel

Beweis durch Eid

§ 445

Die Eideszuschiebung ist nur über Tatsachen zulässig, welche in Handlungen des Gegners, seiner Rechtsvorgänger oder Vertreter bestehen oder welche Gegenstand der Wahrnehmung dieser Personen gewesen sind.

§ 446

Die Eideszuschiebung über eine Tatsache, deren Gegenteil das Gericht für erwiesen erachtet, ist unzulässig.

§ 447

Eine nicht beweispflichtige Partei übernimmt durch Eideszuschiebung nicht die Beweispflicht.

§ 448

Die **Zurückschiebung** des Eides ist nur insofern zulässig, als nach den Bestimmungen des § 445 die Zuschiebung desselben zulässig sein würde.

Sie findet nicht statt, wenn die Partei, welcher der Eid zugeschoben ist, nicht aber die Gegenpartei über ihre eigene Handlung oder Wahrnehmung zu schwören haben würde.

§ 449

Der Eid **kann nur der Partei,** nicht einem Dritten zugeschoben oder zurückgeschoben werden. Die Zuschiebung oder Zurückschiebung an einen Nebenintervenienten findet nur statt, wenn dieser als Streitgenosse der Hauptpartei anzusehen ist (§ 69).

§ 450

Das Gericht kann anordnen, daß die in den §§ 445, 448, 449 enthaltenen Beschränkungen für die Zuschiebung und Zurückschiebung des

Eides nicht zur Anwendung kommen sollen, wenn die Parteien in betreff des zu leistenden Eides einig sind und der Eid sich auf Tatsachen bezieht.

§ 451

Die Antretung des Beweises erfolgt durch die Erklärung, daß dem Gegner über die bestimmt zu bezeichnende Tatsache der Eid zugeschoben werde.

§ 452

Die Partei, welcher der Eid zugeschoben ist, hat sich zu **erklären,** ob sie den Eid annehme oder zurückschiebe, selbst wenn sie Einwendungen in Beziehung auf die Eideszuschiebung vorbringt.

Gibt die Partei keine Erklärung ab oder schiebt sie in einem Falle, in welchem die Zurückschiebung unzulässig ist, den Eid zurück, ohne denselben bedingt anzunehmen, so wird der Eid als verweigert angesehen.

§ 453

Durch die Zuschiebung, Annahme oder Zurückschiebung des Eides wird die **Geltendmachung anderer Beweismittel** von seiten der einen oder der anderen Partei nicht ausgeschlossen. Werden andere Beweismittel geltend gemacht, so gilt der Eid nur für den Fall als zugeschoben, daß die Antretung des Beweises durch die anderen Beweismittel erfolglos bleibt.

§ 454

Werden andere Beweismittel geltend gemacht, so ist die Partei, welcher der Eid zugeschoben wurde, nicht verpflichtet, sich über die Eideszuschiebung früher zu erklären, als bis die Eideszuschiebung nach Aufnahme oder sonstiger Erledigung der anderen Beweismittel wiederholt ist.

Sind andere Beweise aufgenommen, so kann die vorher abgegebene Erklärung widerrufen werden.

§ 455

Wegen unterbliebener Erklärung auf eine Eideszuschiebung kann der Eid nur dann als **verweigert** angesehen werden, wenn die Partei durch das Gericht zur Erklärung über den Eid aufgefordert ist.

§ 456

Der **zurückgeschobene Eid** gilt auch ohne ausdrückliche Erklärung über die Annahme als von dem Beweisführer angenommen.

§ 457

Die Zurückschiebung des Eides kann außer dem Falle des § 454 Abs. 2 **widerrufen** werden, wenn der Schwurpflichtige wegen wissentlicher Verletzung der Eidespflicht rechtskräftig verurteilt oder wenn glaubhaft gemacht wird, daß der Gegner erst nach erfolgter Zurückschiebung des Eides von einer solchen Verurteilung Kenntnis erlangt habe.

§ 458

Die Annahme oder Zurückschiebung des Eides kann außer den Fällen des § 454 Abs. 2 und des § 457 **nicht widerrufen** werden.

§ 459

Über eine Tatsache, welche in einer Handlung des Schwurpflichtigen besteht oder Gegenstand seiner Wahrnehmung gewesen ist, wird der Eid dahin geleistet:

daß die Tatsache **wahr** oder nicht wahr sei.

Ist eine solche Tatsache vom Gegner des Schwurpflichtigen behauptet und kann dem letzteren nach den Umständen des Falles nicht zugemutet werden, daß er die Wahrheit oder Nichtwahrheit derselben beschwöre, so kann das Gericht auf Antrag die Leistung des Eides dahin anordnen:

daß der Schwurpflichtige nach sorgfältiger Prüfung und Erkundigung die **Überzeugung** erlangt habe, daß die Tatsache wahr oder nicht wahr sei.

Über andere Tatsachen wird der Eid dahin geleistet:

daß der Schwurpflichtige nach sorgfältiger Prüfung und Erkundigung die Überzeugung erlangt oder nicht erlangt habe, daß die Tatsache wahr sei.

§ 460

Auf die Leistung eines Eides ist durch **bedingtes Endurteil** zu erkennen.

Die Eidesleistung erfolgt erst nach Eintritt der Rechtskraft des Urteils.

§ 461

Sind die Parteien über die Erheblichkeit und die Norm des Eides einverstanden oder dient der Eid zur Erledigung eines Zwischenstreits oder hängt die Entscheidung über einzelne selbständige Angriffs- und Verteidigungsmittel von der Leistung eines Eides ab, so kann die Leistung des Eides durch **Beweisbeschluß** angeordnet werden.

Das gleiche gilt, wenn die Voraussetzungen für die Anfechtung eines nach § 460 zu erlassenden Endurteils unzweifelhaft nicht gegeben sind.

§ 462

In dem bedingten Urteil ist die Eidesnorm und die Folge sowohl der Leistung als der Nichtleistung des Eides so genau, als die Lage der Sache dies gestattet, festzustellen.

Der Eintritt dieser Folge wird durch Endurteil ausgesprochen.

§ 463

Durch Leistung des Eides wird **voller Beweis** der beschworenen Tatsache begründet.

Der Beweis des Gegenteils findet nur unter denselben Voraussetzungen statt, unter welchen ein rechtskräftiges Urteil wegen Verletzung der Eidespflicht angefochten werden kann.

§ 464

Die **Erlassung** des Eides von seiten des Gegners hat dieselbe Wirkung wie die Leistung des Eides.

Die **Verweigerung** der Eidesleistung hat zur Folge, daß das Gegenteil der zu beschwörenden Tatsache als voll bewiesen gilt.

§ 465

Erscheint der Schwurpflichtige in dem zur Eidesleistung bestimmten Termine **nicht,** so ist auf Antrag der Eid als verweigert anzusehen und zur Hauptsache zu verhandeln.

§ 466

Der Schwurpflichtige kann die Folge der Versäumung des zur Eidesleistung bestimmten Termins dadurch beseitigen, daß er **nachträglich** bei dem Gerichte die Abnahme des Eides beantragt. Der Antrag ist nur innerhalb der Notfrist von einer Woche nach dem Termin zulässig; er kann zum Protokoll der Geschäftsstelle erfolgen.

§ 467

Gilt der Eid infolge der Versäumung des Termins als verweigert, so ist, falls auf die Verhandlung in der Hauptsache ein Urteil oder ein Beweisbeschluß ergeht, diese **Entscheidung** in einem besonderen, über eine Woche hinaus anzusetzenden Termin zu verkünden; für den Fall, daß die Abnahme des Eides rechtzeitig beantragt wird, ist der Termin zur Eidesleistung und zur weiteren mündlichen Verhandlung bestimmt. Hat die Verhandlung die Erlassung eines Urteils oder eines Beweisbeschlusses nicht zur Folge, so ist, wenn die Abnahme des Eides rechtzeitig beantragt wird, der nächste Termin zur mündlichen Verhandlung auch zur Eidesleistung bestimmt.

Ist die Abnahme des Eides einem Mitglied des Prozeßgerichts oder einem anderen Gerichte übertragen, so ist, wenn der Schwurpflichtige in dem Termin nicht erscheint, jedoch innerhalb der Notfrist die Abnahme des Eides beantragt, zu diesem Zwecke ein neuer Termin anzuberaumen.

§ 468

Erscheint der Schwurpflichtige auch in dem zweiten zur Eidesleistung bestimmten Termin nicht, so ist ein nochmaliger Antrag auf Abnahme des Eides nicht zulässig.

§ 469

Der Schwurpflichtige, welcher frühere Behauptungen zurücknimmt oder früher bestrittene Tatsachen zugesteht, kann sich zur Leistung eines **beschränkteren Eides** erbieten, selbst wenn der Eid bereits durch bedingtes Urteil auferlegt ist. Auch können unerhebliche Umstände, welche in die Eidesnorm aufgenommen sind, berichtigt werden.

§ 470

Ist der Eid durch bedingtes Urteil auferlegt, so kann, auch nach Eintritt der Rechtskraft, die Zuschiebung sowie die Zurückschiebung des Eides **widerrufen** werden, wenn der Schwurpflichtige wegen wissentlicher Verletzung der Eidespflicht rechtskräftig verurteilt oder wenn glaubhaft gemacht wird, daß der Gegner erst nach erfolgter Zuschiebung oder Zurückschiebung des Eides von einer solchen Verurteilung Kenntnis erlangt habe.

§ 471

Wenn der Schwurpflichtige **stirbt**, wenn er zur Leistung des Eides unfähig wird oder wenn er aufhört, gesetzlicher Vertreter zu sein, so können beide Parteien in Ansehung der betreffenden Beweisführung alle Rechte ausüben, welche ihnen vor der Zuschiebung des Eides zustanden.

Dasselbe gilt, wenn infolge der Verurteilung des Schwurpflichtigen wegen wissentlicher Verletzung der Eidespflicht die Zuschiebung oder Zurückschiebung des Eides widerrufen wird.

Ist der Eid durch bedingtes Urteil auferlegt, so wird unter Aufhebung des Urteils in der Sache anderweit erkannt.

§ 472

Der Eid über eine Tatsache, welche für ein allen **Streitgenossen** gegenüber nur einheitlich festzustellendes Rechtsverhältnis von Einfluß ist, muß allen Streitgenossen zugeschoben oder zurückgeschoben werden, sofern nicht rücksichtlich einzelner Streitgenossen die Zuschiebung oder Zurückschiebung unzulässig ist. In jedem Falle bedarf es zur Zuschiebung oder zur Zurückschiebung der übereinstimmenden Erklärung aller Streitgenossen. Über die Annahme des Eides haben sich nur diejenigen Streitgenossen zu erklären, welchen der Eid zugeschoben ist.

Ist der von allen oder von einigen Streitgenossen zu leistende Eid von einem oder mehreren derselben, oder ist der von einem Teile der Streitgenossen zu leistende Eid von allen Schwurpflichtigen verweigert oder als von ihnen verweigert anzusehen, so entscheidet das Gericht nach freier Überzeugung, ob die Behauptung, deren Beweis durch Eideszuschiebung angetreten ist, für wahr zu erachten sei. Erklären einzelne Streitgenossen, daß sie den Eid nicht leisten werden, so ist in Ansehung der übrigen Streitgenossen die Leistung des Eides nicht anzuordnen oder der Eid nicht abzunehmen, sofern das Gericht denselben für unerheblich erachtet.

§ 473

Ist eine Partei **nicht prozeßfähig**, so ist die Zuschiebung oder Zurückschiebung des Eides nur an ihren gesetzlichen Vertreter und nur insoweit zulässig, als die vertretene Partei, wenn sie den Prozeß in Person führte, oder der Vertreter, wenn er selbst Partei wäre, dieselbe zulassen müßte.

Minderjährigen, welche das sechzehnte Lebensjahr vollendet haben, sowie Volljährigen, welche wegen Geistesschwäche, Verschwendung oder Trunksucht entmündigt sind, kann über Tatsachen, die in Handlungen derselben bestehen oder Gegenstand ihrer Wahrnehmung gewesen sind, der Eid zugeschoben oder zurückgeschoben werden, sofern dies von dem Gericht auf Antrag des Gegners nach den Umständen des Falles für zulässig erklärt wird. Das gleiche gilt von einer prozeßfähigen Partei, die in dem Rechtsstreit durch einen Pfleger vertreten wird.

Auf Volljährige, welche unter vorläufige Vormundschaft gestellt sind, finden in betreff der Zuschiebung oder Zurückschiebung des Eides diejenigen Vorschriften Anwendung, welche nach Abs. 1, 2 bei eingetretener Entmündigung gelten.

§ 474

Sind mehrere gesetzliche Vertreter vorhanden, so finden die Vorschriften des § 472 entsprechende Anwendung. Betrifft der Eid die eigenen Handlungen oder Wahrnehmungen nur einiger oder eines der Vertreter, so ist er von den übrigen nicht zu leisten.

§ 475

Ist das Ergebnis der Verhandlungen und einer etwaigen Beweisaufnahme nicht ausreichend, um die Überzeugung des Gerichts von der Wahrheit oder Unwahrheit der zu erweisenden Tatsache zu begründen, so **kann das Gericht der einen oder der anderen Partei** über eine streitige Tatsache **einen Eid auferlegen.**

§ 476

Der richterliche Eid kann allen Streitgenossen oder gesetzlichen Vertretern, er kann einigen oder einem derselben auferlegt werden.

§ 477

Die Bestimmungen der §§ 457—471, 473 finden auf den richterlichen Eid entsprechende Anwendung.

Ist der Schwurpflichtige wegen wissentlicher Verletzung der Eidespflicht rechtskräftig verurteilt, so ist der Antrag des Gegners, den richterlichen Eid zurückzunehmen, gerechtfertigt, wenngleich der Gegner schon vor der Auferlegung des Eides von dieser Verurteilung Kenntnis gehabt hat.

Der richterliche Eid wird durch bedingtes Urteil auferlegt.

Elfter Titel

Verfahren bei der Abnahme von Eiden

§ 478

Der Eid muß von dem Schwurpflichtigen in **Person** geleistet werden.

§ 479

Das Prozeßgericht kann anordnen, daß die Eidesleistung **vor einem seiner Mitglieder** oder vor einem anderen Gericht erfolge, wenn der Schwurpflichtige am Erscheinen vor dem Prozeßgerichte verhindert ist oder in großer Entfernung von dem Sitze desselben sich aufhält.

Der Reichspräsident und der Präsident eines deutschen Landes leisten den Eid in ihrer Wohnung vor einem Mitglied des Prozeßgerichts oder vor einem anderen Gerichte.

§ 480

Vor der Leistung des Eides hat der Richter den Schwurpflichtigen in angemessener Weise **auf die Bedeutung des Eides hinzuweisen.**

§ 481

Der Eid wird in der Weise geleistet, daß der Richter die Eidesnorm mit der **Eingangsformel:**

„Sie schwören bei Gott dem Allmächtigen und Allwissenden"

vorspricht und der Schwurpflichtige darauf die Worte spricht **(Eidesformel):**

„Ich schwöre es, so wahr mir Gott helfe!"

Der Schwörende soll bei der Eidesleistung die rechte Hand erheben.

Sollen mehrere Personen gleichzeitig einen Eid leisten, so wird die Eidesformel von jedem Schwurpflichtigen einzeln gesprochen.

§ 482

(fortgefallen)

§ 483

Stumme, welche schreiben können, leisten den Eid mittels Abschreibens und Unterschreibens der die Eidesnorm enthaltenden Eidesformel.

Stumme, welche nicht schreiben können, leisten den Eid mit Hilfe eines Dolmetschers durch Zeichen.

§ 484

Der Eidesleistung wird gleichgeachtet, wenn ein Mitglied einer Religionsgesellschaft, welcher das Gesetz den Gebrauch gewisser Beteuerungsformeln an Stelle des Eides gestattet, eine Erklärung unter der Beteuerungsformel dieser Religionsgesellschaft abgibt.

Drittes Buch

Rechtsmittel

Erster Abschnitt

Berufung

§ 511

Die Berufung findet gegen die in erster Instanz erlassenen Endurteile statt.

---

2. Anhang.

Auszug aus dem Gerichtsverfassungsgesetz.

Erster Titel

Richteramt

§ 1

Die richterliche Gewalt wird durch **unabhängige**, nur dem Gesetz unterworfene Gerichte ausgeübt.

§ 11

Auf **Handelsrichter**, Schöffen und Geschworene finden die Bestimmungen der §§ 2 bis 9 keine Anwendung.

Zweiter Titel

Gerichtsbarkeit

§ 12

Die ordentliche streitige Gerichtsbarkeit wird durch Amtsgerichte und **Landgerichte**, durch Oberlandesgerichte und durch das Reichsgericht ausgeübt.

§ 13

Vor die ordentlichen Gerichte gehören alle bürgerlichen Rechtsstreitigkeiten und Strafsachen, für welche nicht entweder die Zuständigkeit von Verwaltungsbehörden oder Verwaltungsgerichten begründet ist oder reichsgesetzlich besondere Gerichte bestellt oder zugelassen sind.

§ 15

Die Gerichte sind **Staatsgerichte**.

Die Privatgerichtsbarkeit ist aufgehoben; an ihre Stelle tritt die Gerichtsbarkeit des deutschen Landes, in welchem sie ausgeübt wurde. Präsentationen für Anstellungen bei den Gerichten finden nicht statt.

Die Ausübung einer geistlichen Gerichtsbarkeit in weltlichen Angelegenheiten ist ohne bürgerliche Wirkung. Dies gilt insbesondere bei Ehe- und Verlöbnissachen.

§ 16

Ausnahmegerichte sind unstatthaft. Niemand darf seinem gesetzlichen Richter entzogen werden. Die gesetzlichen Bestimmungen über Kriegsgerichte und Standgerichte werden hiervon nicht berührt.

§ 18

Die inländische Gerichtsbarkeit erstreckt sich nicht auf die Chefs und Mitglieder der bei dem Deutschen Reiche beglaubigten **Missionen.** Sind diese Personen Staatsangehörige eines der deutschen Länder, so sind sie nur insofern von der inländischen Gerichtsbarkeit befreit, als das Land, dem sie angehören, sich der Gerichtsbarkeit über sie begeben hat.

Die Chefs und Mitglieder der bei einem deutschen Lande beglaubigten Missionen sind der Gerichtsbarkeit dieses Landes nicht unterworfen. Dasselbe gilt von den Mitgliedern des Reichsrats, welche nicht von dem Lande abgeordnet sind, in dessen Gebiete der Reichsrat seinen Sitz hat.

§ 19

Auf die Familienglieder, das Geschäftspersonal der im § 18 erwähnten Personen und auf solche Bedienstete derselben, welche nicht Deutsche sind, finden die vorstehenden Bestimmungen Anwendung.

§ 20

Durch die Bestimmungen der §§ 18, 19 werden die Vorschriften über den ausschließlichen **dinglichen** Gerichtsstand in bürgerlichen Rechtsstreitigkeiten nicht berührt.

§ 21

Die im Deutschen Reiche angestellten **Konsuln** sind der inländischen Gerichtsbarkeit unterworfen, sofern nicht in Verträgen des Deutschen Reichs mit anderen Mächten Vereinbarungen über die Befreiung der Konsuln von der inländischen Gerichtsbarkeit getroffen sind.

§ 23

Die **Zuständigkeit** der Amtsgerichte umfaßt in bürgerlichen Rechtsstreitigkeiten, soweit sie nicht ohne Rücksicht auf den Wert des Streitgegenstandes den Landgerichten zugewiesen sind:

1. Streitigkeiten über vermögensrechtliche Ansprüche, deren Gegenstand an Geld oder Geldeswert die Summe von **1000 Reichsmark** nicht übersteigt;
2. ohne Rücksicht auf den Wert des Streitgegenstandes:

   Streitigkeiten zwischen dem Vermieter und dem Mieter oder Untermieter von Wohnräumen oder anderen Räumen oder zwischen dem Mieter und dem Untermieter solcher Räume wegen Überlassung, Benutzung oder Räumung, sowie wegen Zurückhaltung der von dem Mieter oder dem Untermieter in die Mietsräume eingebrachten Sachen;

Streitigkeiten zwischen Dienstherrschaft und Gesinde, zwischen Arbeitgerbern und Arbeitern hinsichtlich des Dienst- oder Arbeitsverhältnisses, sowie die im § 4 des Gewerbegerichtsgesetzes in der Fassung der Bekanntmachung vom 29. September 1901 (Reichsgesetzbl. S. 353) und des Gesetzes vom 14. Januar 1922 (Reichsgesetzbl. I S. 155) bezeichneten Streitigkeiten, sofern sie während der Dauer des Dienst-, Arbeits- oder Lehrverhältnisses entstehen;

Streitigkeiten zwischen Reisenden und Wirten, Fuhrleuten, Schiffern, Flößern oder Auswanderungsexpedienten in den Einschiffungshäfen, welche über Wirtszechen, Fuhrlohn, Überfahrtsgelder, Beförderung der Reisenden und ihrer Habe und über Verlust und Beschädigung der letzteren, sowie Streitigkeiten zwischen Reisenden und Handwerkern, welche aus Anlaß der Reise entstanden sind;

Streitigkeiten wegen Viehmängel;

Streitigkeiten wegen Wildschadens;

alle Ansprüche auf Erfüllung einer durch Ehe oder Verwandtschaft begründeten gesetzlichen Unterhaltspflicht;

Ansprüche aus einem außerehelichen Beischlaf;

Ansprüche aus einem mit der Überlassung eines Grundstücks in Verbindung stehenden Leibgedings-, Leibzuchts-, Altenteils- oder Auszugvertrag;

das Aufgebotsverfahren.

Fünfter Titel

Landgerichte

§ 59

Die Landgerichte werden mit einem Präsidenten und der erforderlichen Anzahl von Direktoren und Mitgliedern **besetzt**. Von der Ernennung eines Direktors kann abgesehen werden, wenn der Präsident den Vorsitz in den Kammern allein führen kann.

Die Direktoren und die Mitglieder können gleichzeitig Amtsrichter im Bezirke des Landgerichts sein.

§ 60

Bei den Landgerichten werden Zivil- und Strafkammern gebildet.

§ 69

Innerhalb der Kammer verteilt der Vorsitzende die Geschäfte auf die Mitglieder.

§ 71

Vor die Zivilkammern, einschließlich der Kammern für Handelssachen, gehören alle bürgerlichen Rechtsstreitigkeiten, welche nicht den Amtsgerichten zugewiesen sind.

Die Landgerichte sind ohne Rücksicht auf den Wert des Streitgegenstandes ausschließlich zuständig:

1. für die Ansprüche, welche auf Grund des Reichsbeamtengesetzes gegen den Reichsfiskus erhoben werden;
2. für die Ansprüche gegen Reichsbeamte wegen Überschreitung ihrer amtlichen Befugnisse oder wegen pflichtwidriger Unterlassung von Amtshandlungen.

Der Landesgesetzgebung bleibt überlassen, Ansprüche der Staatsbeamten gegen den Staat aus ihrem Dienstverhältnisse, Ansprüche gegen den Staat wegen Verfügungen der Verwaltungsbehörden, wegen Verschuldung von Staatsbeamten und wegen Aufhebung von Privilegien, Ansprüche gegen Beamte wegen Überschreitung ihrer amtlichen Befugnisse oder wegen pflichtwidriger Unterlassung von Amtshandlungen sowie Ansprüche in betreff öffentlicher Abgaben ohne Rücksicht auf den Wert des Streitgegenstandes den Landgerichten ausschließlich zuzuweisen.

§ 72

Die Zivilkammern, einschließlich der Kammern für Handelssachen, sind die **Berufungs-** und Beschwerde**gerichte** in den vor den Amtsgerichten verhandelten bürgerlichen Rechtsstreitigkeiten.

Siebenter Titel

Kammern für Handelssachen

§ 93

Soweit die Landesjustizverwaltung ein Bedürfnis als vorhanden annimmt, können bei den Landgerichten für deren Bezirke oder für örtlich abgegrenzte Teile davon Kammern für Handelssachen gebildet werden.

Solche Kammern können ihren Sitz innerhalb des Landgerichtsbezirkes auch an Orten haben, an welchen das Landgericht seinen Sitz nicht hat.

§ 94

Ist bei einem Landgericht eine Kammer für Handelssachen gebildet, so tritt für Handelssachen diese Kammer an die Stelle der Zivilkammern nach Maßgabe der folgenden Vorschriften.

§ 95

Handelssachen im Sinne dieses Gesetzes sind die bürgerlichen Rechtsstreitigkeiten, in welchen durch die Klage ein Anspruch geltend gemacht wird:

1. gegen einen Kaufmann im Sinne des Handelsgesetzbuchs aus Geschäften, welche für beide Teile Handelsgeschäfte sind;

HGB. § 1

Kaufmann im Sinne dieses Gesetzbuchs ist, wer ein Handelsgewerbe betreibt.

Als Handelsgewerbe gilt jeder Gewerbebetrieb, der eine der nachstehend bezeichneten Arten von Geschäften zum Gegenstande hat:

1. die Anschaffung und Weiterveräußerung von beweglichen Sachen (Waren) oder Wertpapieren, ohne Unterschied, ob die Waren unverändert oder nach einer Bearbeitung oder Verarbeitung weiter veräußert werden;
2. die Übernahme der Bearbeitung oder Verarbeitung von Waren für andere, sofern der Betrieb über den Umfang des Handwerks hinausgeht;
3. die Übernahme von Versicherungen gegen Prämie;
4. die Bankier- und Geldwechslergeschäfte;
5. die Übernahme der Beförderung von Gütern oder Reisenden zur See, die Geschäfte der Frachtführer oder der zur Beförderung von Personen zu Lande oder auf Binnengewässern bestimmten Anstalten sowie die Geschäfte der Schleppschiffahrtsunternehmer;
6. die Geschäfte der Kommissionäre, der Spediteure oder der Lagerhalter;
7. die Geschäfte der Handlungsagenten oder der Handelsmakler;
8. die Verlagsgeschäfte sowie die sonstigen Geschäfte des Buch- oder Kunsthandels;
9. die Geschäfte der Druckereien, sofern ihr Betrieb über den Umfang des Handwerks hinausgeht.

HGB. § 2

Ein gewerbliches Unternehmen, das nach Art und Umfang einen in kaufmännischer Weise eingerichteten Geschäftsbetrieb erfordert, gilt, auch wenn die Voraussetzungen des § 1 Abs. 2 nicht vorliegen, als Handelsgewerbe im Sinne dieses Gesetzbuchs, sofern die Firma des Unternehmers in das Handelsregister eingetragen worden ist. Der Unternehmer ist verpflichtet, die Eintragung nach den für die Eintragung kaufmännischer Firmen geltenden Vorschriften herbeizuführen.

HGB. § 3

Auf den Betrieb der Land- und Forstwirtschaft finden die Vorschriften der §§ 1, 2 keine Anwendung.

Ist mit dem Betriebe der Land- oder Forstwirtschaft ein Unternehmen verbunden, das nur ein Nebengewerbe des land- oder forstwirtschaftlichen Betriebs darstellt, so findet auf dieses der § 2 mit der Maßgabe Anwendung, daß der Unternehmer berechtigt, aber nicht verpflichtet ist, die Eintragung in das Handelsregister herbeizuführen; werden in dem Nebengewerbe Geschäfte der im § 1 bezeichneten Art geschlossen, so gilt der Betrieb dessenungeachtet nur dann als Handelsgewerbe, wenn der Unternehmer von der Befugnis, seine Firma gemäß § 2 in das Handelsregister eintragen zu lassen, Gebrauch gemacht hat. Ist die Eintragung erfolgt, so findet eine Löschung der Firma nur nach den allgemeinen Vorschriften statt, welche für die Löschung kaufmännischer Firmen gelten.

HGB. § 4

Die Vorschriften über die Firmen, die Handelsbücher und die Prokura finden auf Handwerker sowie auf Personen, deren Gewerbebetrieb nicht über den Umfang des Kleingewerbes hinausgeht, keine Anwendung.

Durch eine Vereinigung zum Betrieb eines Gewerbes, auf welches die bezeichneten Vorschriften keine Anwendung finden, kann eine offene Handelsgesellschaft oder eine Kommanditgesellschaft nicht begründet werden.

Die Landesregierungen sind befugt, Bestimmungen zu erlassen, durch welche die Grenze des Kleingewerbes auf der Grundlage der nach dem Geschäftsumfange bemessenen Steuerpflicht oder in Ermangelung einer solchen Besteuerung nach anderen Merkmalen näher festgesetzt wird.

HGB. § 5

Ist eine **Firma** im Handelsregister **eingetragen,** so kann gegenüber demjenigen, welcher sich auf die Eintragung beruft, nicht geltend gemacht werden, daß das unter der Firma betriebene Gewerbe kein Handelsgewerbe sei oder daß es zu den im § 4 Abs. 1 bezeichneten Betrieben gehöre.

HGB. § 6

Die in Betreff der Kaufleute gegebenen Vorschriften finden auch auf die **Handelsgesellschaften** Anwendung.

Die Rechte und Pflichten eines Vereins, dem das Gesetz ohne Rücksicht auf den Gegenstand des Unternehmens die Eigenschaft eines Kaufmanns beilegt, werden durch die Vorschrift des § 4 Abs. 1 nicht berührt.

HGB. § 7

Durch die Vorschriften des öffentlichen Rechtes, nach welchen die Befugnis zum Gewerbebetrieb ausgeschlossen oder von gewissen Voraussetzungen abhängig gemacht ist, wird die Anwendung der die Kaufleute betreffenden Vorschriften dieses Gesetzbuches nicht berührt.

GVG. § 95.

2. aus einem **Wechsel** im Sinne der Wechselordnung oder aus einer der im § 363 des Handelsgesetzbuchs bezeichneten Urkunden;

HGB. § 363

Anweisungen, die auf einen Kaufmann über die Leistung von Geld, Wertpapieren oder anderen vertretbaren Sachen ausgestellt sind, ohne daß darin die Leistung von einer Gegenleistung abhängig gemacht ist, können durch Indossament übertragen werden, wenn sie an Order lauten. Dasselbe gilt von **Verpflichtungsscheinen,** die von einem Kaufmann über Gegenstände der bezeichneten Art an Order ausgestellt sind, ohne daß darin die Leistung von einer Gegenleistung abhängig gemacht ist.

Ferner können **Konnossemente** der Seeschiffer, Ladescheine der Frachtführer, Lagerscheine der staatlich zur Ausstellung solcher Urkunden ermächtigten Anstalten sowie Bodmereibriefe und Transportversicherungspolicen durch Indossament übertragen werden, wenn sie an Order lauten.

Wechselordnung Art. 4

Die wesentlichen Erfordernisse eines gezogenen **Wechsels** sind:

1. die in den Wechsel selbst aufzunehmende Bezeichnung als Wechsel oder, wenn der Wechsel in einer fremden Sprache ausgestellt ist, ein jener Bezeichnung entsprechender Ausdruck in der fremden Sprache;
2. die Angabe der zu zahlenden Geldsumme;
3. der Name der Person oder die Firma, an welche oder an deren Order gezahlt werden soll (des Remittenten);

4. die Angabe der Zeit, zu welcher gezahlt werden soll; die Zahlungszeit kann für die gesamte Geldsumme nur eine und dieselbe sein und nur festgesetzt werden
   auf einen bestimmten Tag,
   auf Sicht (Vorzeigung, a vista usw.) oder auf eine bestimmte Zeit nach Sicht,
   auf eine bestimmte Zeit nach dem Tage der Ausstellung (nach dato),
   auf eine Messe oder einen Markt (Meß- oder Marktwechsel);
5. die Unterschrift des Ausstellers (Trassanten) mit seinem Namen oder seiner Firma;
6. die Angabe des Ortes, Monatstags und Jahres der Ausstellung;
7. der Name der Person oder die Firma, welche die Zahlung leisten soll (des Bezogenen oder Trassaten);
8. die Angabe des Ortes, wo die Zahlung geschehen soll; der bei dem Namen oder der Firma des Bezogenen angegebene Ort gilt für den Wechsel, insofern nicht ein eigener Zahlungsort angegeben ist, als Zahlungsort und zugleich als Wohnort des Bezogenen.

WO. Art. 5

Ist die zu zahlende Geldsumme (Art. 4 Nr. 2) in Buchstaben und in Ziffern ausgedrückt, so gilt bei Abweichungen die in Buchstaben ausgedrückte Summe.

Ist die Summe mehrmals mit Buchstaben oder mehrmals mit Ziffern geschrieben, so gilt bei Abweichungen die geringere Summe.

WO. Art. 6

Der Aussteller kann sich selbst als Remittenten (Art. 4 Nr. 3) bezeichnen (Wechsel an eigene Order).

Desgleichen kann der Aussteller sich selbst als Bezogenen (Art. 4 Nr. 7) bezeichnen, sofern die Zahlung an einem anderen Orte als dem der Ausstellung geschehen soll (trassiert-eigene Wechsel).

GVG. § 95.

3. auf Grund des **Scheck**gesetzes;
4. aus einem der nachstehend bezeichneten Rechtsverhältnisse:
   a) aus dem Rechtsverhältnisse zwischen den Mitgliedern einer **Handelsgesellschaft** oder zwischen dieser und ihren Mitgliedern oder zwischen dem stillen Gesellschafter und dem Inhaber des Handelsgeschäfts, sowohl während des Bestehens als auch nach Auflösung des Gesellschaftsverhältnisses, ingleichen aus dem Rechtsverhältnisse zwischen den Vorstehern oder den Liquidatoren einer Handelsgesellschaft und der Gesellschaft oder deren Mitgliedern;
   b) aus dem Rechtsverhältnisse, welches das Recht zum Gebrauche der Handels**firma** betrifft;
   c) aus den Rechtsverhältnissen, welche sich auf den Schutz der **Warenbezeichnungen,** Muster und Modelle beziehen;
   d) aus dem Rechtsverhältnisse, welches durch den Erwerb eines bestehenden **Handelsgeschäfts** unter Lebenden zwischen dem bisherigen Inhaber und dem Erwerber entsteht;

e) aus dem Rechtsverhältnisse zwischen einem Dritten und dem, welcher wegen mangelnden Nachweises der Prokura oder Handlungsvollmacht haftet;
f) aus den Rechtsverhältnissen des **Seerechts** oder des Rechtes der Binnenschiffahrt, insbesondere aus denen, welche sich auf die Reederei, auf die Rechte und Pflichten des Reeders oder Schiffseigners, des Korrespondentreeders und der Schiffsbesatzung, auf die Bodmerei und die Haverei, auf den Schadensersatz im Falle des Zusammenstoßes von Schiffen, auf die Bergung und Hilfeleistung und auf die Ansprüche der Schiffsgläubiger beziehen;

5. auf Grund des Gesetzes gegen den **unlauteren Wettbewerb** vom 7. Juni 1909 (Reichsgesetzbl. S. 499);
6. aus den §§ 45 bis 48 des **Börsen**gesetzes (Reichsgesetzbl. 1908 S. 215)[1]).

§ 96

Die Verhandlung des Rechtsstreits erfolgt vor der Kammer für Handelssachen, wenn der Kläger dies in der Klageschrift **beantragt** hat.

Ist ein Rechtsstreit nach den Vorschriften der §§ 276, 506 der Zivilprozeßordnung vom Amtsgericht an das Landgericht zu verweisen, so hat der Kläger den Antrag auf Verhandlung vor der Kammer für Handelssachen in der mündlichen Verhandlung vor dem Amtsgerichte zu stellen.

§ 97

Wird vor der Kammer für Handelssachen eine nicht vor sie gehörige Klage zur Verhandlung gebracht, so ist der Rechtsstreit auf Antrag des Beklagten **an die Zivilkammer zu verweisen.**

Gehört die Klage oder die im Falle des § 506 der Zivilprozeßordnung erhobene Widerklage als Klage nicht vor die Kammer für Handelssachen, so ist diese auch von Amts wegen befugt, den Rechtsstreit an die Zivilkammer zu verweisen, solange nicht eine Verhandlung zur Hauptsache erfolgt und darauf ein Beschluß verkündet ist. Die Verweisung von Amts wegen kann nicht aus dem Grunde erfolgen, daß der Beklagte nicht Kaufmann ist.

§ 98

Wird vor der Zivilkammer eine vor die Kammer für Handelssachen gehörige Klage zur Verhandlung gebracht, so ist der Rechtsstreit auf Antrag des Beklagten an die Kammer für Handelssachen zu verweisen. Ein Beklagter, welcher nicht in das Handelsregister eingetragen ist, kann den Antrag nicht darauf stützen, daß er Kaufmann ist.

Der Antrag ist zurückzuweisen, wenn die im Falle des § 506 der Zivilprozeßordnung erhobene Widerklage als Klage vor die Kammer für Handelssachen nicht gehören würde.

---

[1]) Betrifft Haftung aus Prospekten.

Zu einer Verweisung von Amts wegen ist die Zivilkammer nicht befugt.

Die Zivilkammer ist zur Verwerfung des Antrags auch dann befugt, wenn der Kläger ihm zugestimmt hat.

§ 99

Wird in einem bei der Kammer für Handelssachen anhängigen Rechtsstreit die Klage in Gemäßheit des § 280 der Zivilprozeßordnung durch den Antrag auf Feststellung eines Rechtsverhältnisses erweitert oder eine Widerklage erhoben und gehört die erweiterte Klage oder die Widerklage als Klage nicht vor die Kammer für Handelssachen, so ist der Rechtsstreit auf Antrag des Gegners **an die Zivilkammer zu verweisen.**

Unter der Beschränkung des § 97 Abs. 2 ist die Kammer zu der Verweisung auch von Amts wegen befugt. Diese Befugnis tritt auch dann ein, wenn durch eine Klageänderung ein Anspruch geltend gemacht wird, welcher nicht vor die Kammer für Handelssachen gehört.

§ 100

Die §§ 96 bis 99 finden auf das Verfahren in der **Berufungsinstanz** vor den Kammern für Handelssachen entsprechende Anwendung.

§ 101

Der Antrag auf Verweisung des Rechtsstreits an eine andere Kammer ist nur vor der Verhandlung des Antragstellers zur Sache zulässig.

Über den Antrag ist vorab zu verhandeln und zu entscheiden.

§ 102

Gegen die Entscheidung über **Verweisung** eines Rechtsstreits an die Zivilkammer oder an die Kammer für Handelssachen findet **kein Rechtsmittel** statt. Erfolgt die Verweisung an eine andere Kammer, so ist diese Entscheidung für die Kammer, an welche der Rechtsstreit verwiesen wird, bindend. Der Termin zur weiteren mündlichen Verhandlung wird von Amts wegen bestimmt und den Parteien bekanntgemacht.

§ 103

Bei der Kammer für Handelssachen kann ein Anspruch in Gemäßheit des § 64 der Zivilprozeßordnung nur dann geltend gemacht werden, wenn der Rechtsstreit nach den Bestimmungen der §§ 94, 95 vor die Kammer für Handelssachen gehört.

§ 104

Wird die Kammer für Handelssachen als Beschwerdegericht mit einer vor sie nicht gehörigen Beschwerde befaßt, so ist die Beschwerde von Amts wegen an die Zivilkammer zu verweisen. Ebenso hat die Zivilkammer, wenn sie als Beschwerdegericht in einer Handelssache mit einer Beschwerde befaßt wird, diese von Amts wegen an die Kammer für Handelssachen zu verweisen. Die Vorschriften des § 102 Satz 1, 2 finden entsprechende Anwendung.

Eine Verweisung der Beschwerde an eine andere Kammer findet nicht statt, wenn bei der Kammer, welche mit der Beschwerde befaßt wird, die Hauptsache anhängig ist, oder diese Kammer bereits eine Entscheidung in der Hauptsache erlassen hat.

§ 105

Die Kammern für Handelssachen entscheiden in der **Besetzung** mit einem Mitglied des Landgerichts als Vorsitzenden und zwei Handelsrichtern, soweit nicht nach den Vorschriften der Prozeßgesetze an Stelle der Kammer der Einzelrichter zu entscheiden hat.

Sämtliche Mitglieder der Kammer für Handelssachen haben gleiches Stimmrecht.

In Streitigkeiten, welche sich auf das Rechtsverhältnis zwischen Reeder oder Schiffer und Schiffsmannschaft beziehen, kann die Entscheidung in erster Instanz durch den Vorsitzenden allein erfolgen.

§ 106

Im Falle des § 93 Abs. 2 kann ein Amtsrichter Vorsitzender der Kammer für Handelssachen sein.

§ 107

Das Amt der Handelsrichter ist ein **Ehrenamt.**

Die Handelsrichter, die weder ihren Wohnsitz noch ihre gewerbliche Niederlassung am Sitze der Kammer für Handelssachen haben, erhalten Tage- und Übernachtungsgelder sowie Ersatz der verauslagten Fahrkosten nach den für die Reichsbeamten der Stufe III (§ 2 Abs. 2 der Reisekostenverordnung für die Reichsbeamten, Reichsgesetzbl. 1921 S. 1345, 1923 I S. 981) geltenden Vorschriften.

Handelsrichtern, die ihren Wohnsitz oder ihre gewerbliche Niederlassung am Sitze der Kammer für Handelssachen haben, werden die notwendigen Fahrkosten erstattet, wenn ihr Weg zum Gerichte mehr als zwei Kilometer beträgt.

§ 108

Die Handelsrichter werden auf gutachtlichen Vorschlag des zur Vertretung des Handelsstandes berufenen Organs für die **Dauer** von drei Jahren ernannt; eine wiederholte Ernennung ist nicht ausgeschlossen.

§ 109

Zum Handelsrichter kann jeder Deutsche **ernannt werden,** welcher das dreißigste Lebensjahr vollendet hat und als Kaufmann, als Vorstand einer Aktiengesellschaft, als Geschäftsführer einer Gesellschaft mit beschränkter Haftung oder als Vorstand einer sonstigen juristischen Person in das Handelsregister eingetragen ist oder eingetragen war.

Zum Handelsrichter soll nur ernannt werden, wer in dem **Bezirke** der Kammer für Handssachen wohnt oder, wenn er als Kaufmann in das Handelsregister eingetragen ist, dort eine Handelsniederlassung hat; bei Personen, die als Vorstand einer Aktiengesellschaft, als Geschäftsführer einer Gesellschaft mit beschränkter Haftung oder als Vorstand einer sonstigen juristischen Person in das Handelsregister eingetragen sind, genügt es, wenn die Gesellschaft oder juristische Person eine Niederlassung in dem Bezirke hat.

Personen, welche infolge gerichtlicher Anordnung in der Verfügung über ihr Vermögen beschränkt sind, können nicht zu Handelsrichtern ernannt werden.

§ 110

An **Seeplätzen** können Handelsrichter auch aus dem Kreise der Schiffahrtskundigen ernannt werden.

§ 111

Die Handelsrichter sind vor ihrem Amtsantritt auf die Erfüllung der Obliegenheiten des ihnen übertragenen Amtes **eidlich zu verpflichten.**

§ 112

Die Handelsrichter haben während der Dauer ihres Amtes in Beziehung auf dasselbe **alle Rechte und Pflichten richterlicher Beamten.**

§ 113

Ein Handelsrichter ist seines Amtes zu **entheben,** wenn er eine der für die Ernennung erforderlichen Eigenschaften nachträglich verliert.

Die Enthebung erfolgt durch den ersten Zivilsenat des Oberlandesgerichts nach Anhörung des Beteiligten.

§ 114

Über Gegenstände, zu deren Beurteilung eine kaufmännische Begutachtung genügt, sowie über das Bestehen von Handelsgebräuchen kann die Kammer für Handelssachen **auf Grund eigener Sachkunde und Wissenschaft entscheiden.**

Elfter Titel

Geschäftsstelle.

§ 153

Bei jedem Gerichte wird eine Geschäftsstelle eingerichtet, die mit der erfordlichen Zahl von Urkundsbeamten besetzt wird. Die Geschäftseinrichtung bei dem Reichsgerichte wird durch den Reichsminister der Justiz, bei den Landesgerichten durch die Landesjustizverwaltung bestimmt.

Vierzehnter Titel

Öffentlichkeit und Sitzungspolizei

§ 169

Die Verhandlung vor dem erkennenden Gerichte, einschließlich der Verkündung der Urteile und Beschlüsse, ist öffentlich.

§ 172

In allen Sachen kann durch das Gericht für die Verhandlung oder für einen Teil davon die Öffentlichkeit ausgeschlossen werden, wenn sie eine Gefährdung der öffentlichen Ordnung, insbesondere der Staatssicherheit, oder eine Gefährdung der Sittlichkeit besorgen läßt.

§ 173

Die Verkündung des Urteils erfolgt in jedem Falle öffentlich.

Durch einen besonderen Beschluß des Gerichts kann für die Verkündung der Urteilsgründe oder eines Teiles davon die Öffentlichkeit ausgeschlossen werden, wenn sie eine Gefährdung der Staatssicherheit oder eine Gefährdung der Sittlichkeit besorgen läßt.

§ 174

Die Verhandlung über die Ausschließung der Öffentlichkeit findet in nicht öffentlicher Sitzung statt, wenn ein Beteiligter es beantragt oder das Gericht es für angemessen erachtet. Der Beschluß, welcher die Öffentlichkeit ausschließt, muß öffentlich verkündet werden. Bei der Verkündung ist anzugeben, ob die Ausschließung wegen Gefährdung der öffentlichen Ordnung, insbesondere wegen Gefährdung der Staatssicherheit, oder ob sie wegen Gefährdung der Sittlichkeit erfolgt.

Ist die Öffentlichkeit wegen Gefährdung der Staatssicherheit ausgeschlossen, so kann das Gericht den anwesenden Personen die Geheimhaltung von Tatsachen, welche durch die Verhandlung, durch die Anklageschrift, oder durch andere amtliche Schriftstücke des Prozesses zu ihrer Kenntnis gelangen, zur Pflicht machen. Der Beschluß ist in das Sitzungsprotokoll aufzunehmen. Gegen ihn findet Beschwerde statt. Die Beschwerde hat keine aufschiebende Wirkung.

§ 175

Der Zutritt zu öffentlichen Verhandlungen kann unerwachsenen und solchen Personen versagt werden, welche sich nicht im Besitze der bürgerlichen Ehrenrechte befinden, oder welche in einer der Würde des Gerichts nicht entsprechenden Weise erscheinen.

Zu nicht öffentlichen Verhandlungen kann der Zutritt einzelnen Personen vom Gerichte gestattet werden. Einer Anhörung der Beteiligten bedarf es nicht.

Die Ausschließung der Öffentlichkeit steht der Anwesenheit der die Dienstaufsicht führenden Beamten der Justizverwaltung bei den Verhandlungen vor dem erkennenden Gerichte nicht entgegen.

§ 176

Die Aufrechterhaltung der Ordnung in der Sitzung liegt dem Vorsitzenden ob.

§ 177

Parteien, Beschuldigte, Zeugen, Sachverständige oder bei der Verhandlung nicht beteiligte Personen, welche den zur Aufrechterhaltung der Ordnung erlassenen Befehlen nicht gehorchen, können auf Beschluß des Gerichts aus dem Sitzungszimmer entfernt, auch zur Haft abgeführt und während einer in dem Beschlusse zu bestimmenden Zeit, welche vierundzwanzig Stunden nicht übersteigen darf, festgehalten werden.

§ 178

Das Gericht kann gegen Parteien, Beschuldigte, Zeugen, Sachverständige oder bei der Verhandlung nicht beteiligte Personen, welche sich in der Sitzung einer Ungebühr schuldig machen, vorbehaltlich der strafgerichtlichen Verfolgung, eine Ordnungsstrafe in Geld oder bis zu drei Tagen Haft festsetzen und sofort vollstrecken lassen.

§ 179

Die Vollstreckung der vorstehend bezeichneten Ordnungsstrafen hat der Vorsitzende unmittelbar zu veranlassen.

§ 180

Die in den §§ 176 bis 179 bezeichneten Befugnisse stehen auch einem einzelnen Richter bei der Vornahme von Amtshandlungen außerhalb der Sitzung zu.

§ 181

Ist in den Fällen der §§ 178 und 180 eine Ordnungsstrafe festgesetzt, so findet binnen der Frist von einer Woche nach der Bekanntmachung der Entscheidung Beschwerde statt, sofern die Entscheidung nicht von dem Reichsgericht oder einem Oberlandesgerichte getroffen ist.

Die Beschwerde hat in dem Falle des § 178 keine aufschiebende Wirkung, in dem Falle des § 180 aufschiebende Wirkung.

Über die Beschwerde entscheidet das Oberlandesgericht.

§ 182

Ist eine Ordnungsstrafe wegen Ungebühr festgesetzt, oder eine Person zur Haft abgeführt, oder eine bei der Verhandlung beteiligte Person entfernt worden, so ist der Beschluß des Gerichts und dessen Veranlassung in das Protokoll aufzunehmen.

§ 183

Wird eine strafbare Handlung in der Sitzung begangen, so hat das Gericht den Tatbestand festzustellen und der zuständigen Behörde das darüber aufgenommene Protokoll mitzuteilen. In geeigneten Fällen ist die vorläufige Festnahme des Täters zu verfügen.

Fünfzehnter Titel
Gerichtssprache

§ 184

Die Gerichtssprache ist deutsch.

§ 185

Wird unter Beteiligung von Personen verhandelt, welche der deutschen Sprache nicht mächtig sind, so ist ein **Dolmetscher** zuzuziehen. Die Führung eines Nebenprotokolls in der fremden Sprache findet nicht statt; jedoch sollen Aussagen und Erklärungen in fremder Sprache, wenn und soweit der Richter dies mit Rücksicht auf die Wichtigkeit der Sache für erforderlich erachtet, auch in der fremden Sprache in das Protokoll oder in eine Anlage niedergeschrieben werden. In den dazu geeigneten Fällen soll dem Protokoll eine durch den Dolmetscher zu beglaubigende Übersetzung beigefügt werden.

Die Zuziehung eines Dolmetschers kann unterbleiben, wenn die beteiligten Personen sämtlich der fremden Sprache mächtig sind.

§ 186

Zur Verhandlung mit **tauben oder stummen** Personen ist, sofern nicht eine schriftliche Verständigung erfolgt, eine Person als Dolmetscher zuzuziehen, mit deren Hilfe die Verständigung in anderer Weise erfolgen kann.

§ 187

Ob einer Partei, welche **taub ist,** bei der mündlichen Verhandlung der Vortrag zu gestatten sei, bleibt dem Ermessen des Gerichts überlassen.

Dasselbe gilt in Anwaltsprozessen von einer Partei, die **der deutschen Sprache nicht mächtig ist.**

§ 188

Personen, welche der deutschen Sprache nicht mächtig sind, leisten **Eide** in der ihnen geläufigen Sprache.

§ 189

Der Dolmetscher hat einen Eid dahin zu leisten:

daß er treu und gewissenhaft übertragen werde.

Ist der Dolmetscher für Übertragungen der betreffenden Art im allgemeinen beeidigt, so genügt die Berufung auf den geleisteten Eid.

§ 190

Der Dienst des Dolmetschers kann von dem Urkundsbeamten der Geschäftsstelle wahrgenommen werden. Einer besonderen Beeidigung bedarf es nicht.

§ 191

Auf den Dolmetscher finden die Bestimmungen über Ausschließung und Ablehnung der Sachverständigen entsprechende Anwendung. Die Entscheidung erfolgt durch das Gericht oder den Richter, von welchem der Dolmetscher zugezogen ist.

Sechzehnter Titel

Beratung und Abstimmung

§ 192

Bei Entscheidungen dürfen Richter nur in der gesetzlich bestimmten Anzahl **mitwirken.**

Bei Verhandlungen von längerer Dauer kann der Vorsitzende die Zuziehung von Ergänzungsrichtern anordnen, welche der Verhandlung beizuwohnen und im Falle der Verhinderung eines Richters für ihn einzutreten haben.

Die vorstehenden Bestimmungen finden auch auf Schöffen und Geschworene Anwendung.

§ 193

Bei der Beratung und Abstimmung **dürfen** außer den zur Entscheidung berufenen Richtern nur die bei demselben Gerichte zu ihrer juristischen Ausbildung beschäftigten Personen **zugegen sein,** soweit der Vorsitzende deren Anwesenheit gestattet.

§ 194

Der Vorsitzende leitet die Beratung, stellt die Fragen und sammelt die Stimmen.

Meinungsverschiedenheiten über den Gegenstand, die Fassung und die Reihenfolge der Fragen oder über das Ergebnis der Abstimmung entscheidet das Gericht.

§ 195

Kein Richter, Schöffe oder Geschworener darf die **Abstimmung** über eine Frage **verweigern,** weil er bei der Abstimmung über eine vorhergegangene Frage in der Minderheit geblieben ist.

§ 196

Die Entscheidungen erfolgen, soweit das Gesetz nicht ein anderes bestimmt, nach der absoluten **Mehrheit** der Stimmen.

Bilden sich in Beziehung auf Summen, über welche zu entscheiden ist, mehr als zwei Meinungen, deren keine die Mehrheit für sich hat, so werden die für die größte Summe abgegebenen Stimmen den für die zunächst geringere abgegebenen so lange hinzugerechnet, bis sich eine Mehrheit ergibt.

Bilden sich in einer Strafsache, von der Schuldfrage abgesehen, mehr als zwei Meinungen, deren keine die erforderliche Mehrheit für sich hat, so werden die dem Beschuldigten nachteiligsten Stimmen den zunächst minder nachteiligen so lange hinzugerechnet, bis sich die erforderliche Mehrheit ergibt. Bilden sich in der Straffrage zwei Meinungen, ohne daß eine die erforderliche Mehrheit für sich hat, so gilt die mildere Meinung. Ergibt sich in dem mit zwei Richtern und zwei Schöffen besetzten Schöffengerichte von der Schuld- und Straffrage abgesehen, Stimmengleichheit, so gibt die Stimme des Vorsitzenden den Ausschlag.

§ 197

Die Richter stimmen nach dem Dienstalter, bei gleichem Dienstalter nach dem Lebensalter, Handelsrichter, Schöffen und Geschworene **nach dem Lebensalter**; der jüngere stimmt vor dem älteren. Die Schöffen und Geschworenen stimmen vor den Richtern. Wenn ein Berichterstatter ernannt ist, so stimmt er zuerst. Zuletzt stimmt der Vorsitzende.

§ 198

Schöffen und Geschworene sind verpflichtet, über den Hergang der Beratung und Abstimmung Stillschweigen zu beobachten.

Siebzehnter Titel

Gerichtsferien

§ 199

Die Gerichtsferien beginnen am 15. Juli und endigen am 15. September.

§ 200

Während der Ferien werden nur in **Feriensachen** Termine abgehalten und Entscheidungen erlassen.

Feriensachen sind:

1. Strafsachen;
2. Arrestsachen und die eine einstweilige Verfügung betreffenden Sachen;
3. Meß- und Marktsachen;
4. Streitigkeiten zwischen dem Vermieter und dem Mieter oder Untermieter von Wohnräumen oder anderen Räumen oder zwischen dem Mieter und dem Untermieter solcher Räume wegen Überlassung, Benutzung oder Räumung sowie wegen Zurückhaltung der von dem Mieter oder dem Untermieter in die Mietsräume eingebrachten Sachen;
5. Streitigkeiten zwischen Dienstherrschaft und Gesinde, zwischen Arbeitgebern und Arbeitern hinsichtlich des Dienst- oder Arbeitsverhältnisses sowie die im § 4 Nr. 1 bis 4 des Gewerbegerichts-

gesetzes in der Fassung der Bekanntmachung vom 29. September 1901 (Reichsgesetzbl. S. 353) und des Gesetzes vom 14. Januar 1922 (Reichsgesetzbl. I S. 155) und im § 5 Nr. 1 bis 4 des Gesetzes, betreffend Kaufmannsgerichte, vom 6. Juli 1904 (Reichsgesetzbl. S. 266) in der Fassung des Gesetzes vom 14. Januar 1922 (Reichsgesetzbl. I S. 155) bezeichneten Streitigkeiten;
6. Ansprüche aus dem außerehelichen Beischlaf;
7. Wechselsachen;
8. Regreßansprüche aus einem Scheck;
9. Bausachen, wenn über Fortsetzung eines angefangenen Baues gestritten wird.

In dem Verfahren vor den Amtsgerichten hat das Gericht auf Antrag auch andere Sachen als Feriensachen zu bezeichnen. Werden in einer Sache, die durch Beschluß des Gerichts als Feriensache bezeichnet ist, in einem Termine zur mündlichen Verhandlung einander widersprechende Anträge gestellt, so ist der Beschluß aufzuheben, sofern die Sache nicht besonderer Beschleunigung bedarf.

In dem Verfahren vor den Landgerichten sowie in dem Verfahren in den höheren Instanzen soll das Gericht auf Antrag auch solche Sachen, welche nicht unter die Vorschrift des Abs. 1 fallen, soweit sie besonderer Beschleunigung bedürfen, als Feriensachen bezeichnen. Die Bezeichnung kann vorbehaltlich der Entscheidung des Gerichts durch den Vorsitzenden erfolgen.

§ 201

Zur Erledigung der Feriensachen können bei den Landgerichten **Ferienkammern**, bei den Oberlandesgerichten und dem Reichsgerichte Feriensenate gebildet werden.

---

3. Anhang

Auszug aus der Bekanntmachung zur Entlastung der Gerichte

(Entlastungsverordnung)

§ 7

Mit Einverständnis der Parteien kann das Gericht eine **Entscheidung ohne mündliche Verhandlung** treffen. Die Verkündung der Entscheidung wird durch schriftliche Mitteilung ersetzt; bei Urteilen ist die Urteilsformel durch Zustellung mitzuteilen.

§ 8

Ein gemäß § 7 ohne mündliche Verhandlung geführtes Verfahren steht hinsichtlich der **Gerichtskosten** und der **Anwaltsgebühren** einem

Verfahren mit mündlicher Verhandlung gleich. Wird nach einem Beweisaufnahmeverfahren ohne mündliche Verhandlung entschieden, so steht dem Rechtsanwalt in jedem Fall die erhöhte Verhandlungsgebühr (§ 17 der Gebührenordnung für Rechtsanwälte) zu.

§ 9

In Urteilen, Zahlungsbefehlen, Vergleichen und vollstreckbaren Urkunden (§ 794 Nr. 5 der Zivilprozeßordnung) kann die Höhe einer zu zahlenden Geldsumme auch in solchen Umlaufmitteln bestimmt werden, die ohne gesetzliches Zahlungsmittel zu sein, von den öffentlichen Kassen in Zahlung genommen werden. Die Höhe der Geldsumme kann ferner, soweit nicht die Reichsregierung mit Zustimmung des Reichsrats etwas anderes bestimmt, auch nach Maßgabe einer amtlichen Teuerungszahl festgesetzt werden. Die Reichsregierung wird ermächtigt, mit Zustimmung des Reichsrats daneben noch andere Werteinheiten, über die amtliche Feststellungen ergehen, als Maßstab zuzulassen.

In dem Schuldtitel (wertbeständiger Schuldtitel) ist die Werteinheit sowie die nähere Art und Weise, in welcher sie als Maßstab dienen soll, genau zu bezeichnen. Ungenauigkeiten in der Bezeichnung können bei Urteilen und Zahlungsbefehlen unter entsprechender Anwendung des § 319 der Zivilprozeßordnung beseitigt werden.

Die Vorschriften der Abs. 1, 2 finden auch im Urkundenprozeß Anwendung.

Alphabetisches Register.

(Die Zahlen bezeichnen die Seiten.)

Kolibri 360 GmbH
Ferdinand-Jühlke-Straße 7
99095 Erfurt, Deutschland
produktsicherheit@kolibri360.de